# PARALLÈLE

DE LA

# PUISSANCE ANGLAISE ET RUSSE

RELATIVEMENT A L'EUROPE.

# PARALLÈLE

DE LA

## PUISSANCE ANGLAISE ET RUSSE

RELATIVEMENT A L'EUROPE,

SUIVI

## D'UN APERÇU SUR LA GRÈCE;

Par M. DE PRADT,

ANCIEN ARCHEVÊQUE DE MALINES.

## A PARIS,

CHEZ BÉCHET AÎNÉ, LIBRAIRE-ÉDITEUR,

QUAI DES AUGUSTINS, N° 55.

A ROUEN, MÊME MAISON, RUE GRAND-PONT, N° 73.

AVRIL 1823.

# PARALLÈLE

DE LA

## PUISSANCE ANGLAISE ET RUSSE

### RELATIVEMENT A L'EUROPE.

## CHAPITRE PREMIER.

PARTAGE DU PROTECTORAT DE L'EUROPE ENTRE
L'ANGLETERRE ET LA RUSSIE. — ESPRIT ET BUT
DE CET ÉCRIT.

Deux drapeaux s'élèvent aux deux extrémités de l'Europe, l'un sur terre et l'autre sur
mer. Le Continent est placé entre ces deux
bannières, et quoi qu'en ressente l'orgueil, de
quelques apparences que l'on se recouvre,
dans le fait il faut se ranger sous l'une ou
sous l'autre : l'existence privative, l'indépendance effective n'appartiennent plus qu'à ces
deux pouvoirs ; la disproportion de leurs forces avec celles des états du Continent rend
ceux-ci dépendans de ceux-là, il ne reste

plus de liberté que pour le choix du protecteur nécessaire. Jamais on ne parla davantage d'indépendance des nations, jamais il n'en exista moins. Au temps des grandeurs de Rome, tout opprimé, tout faible se réfugiait sous son égide menaçante pour le reste du monde : c'était le seul asile ouvert dans l'univers. De nos jours, un double protectorat se présente. Les formes usitées chez les Européens civilisés voilent un peu cette dépendance ; les rois *Dejotarus* n'apparaissent plus sur notre horizon ; ici la dépendance se cache sous les dehors de l'amitié reconnaissante, là elle emprunte les formes d'une antique dignité, mais au fond le joug existe, indéclinable et journalier. De ces deux grands pouvoirs, l'un peut ravir la richesse et l'autre l'existence : l'un a des freins donnés par ses premiers intérêts, par ses lois, par ses mœurs ; l'autre ne connaît aucune de ces entraves : ses intérêts extérieurs sont presque à créer ; ses lois et ses mœurs, nées en Asie, se ressentent du lieu de leur origine : là, tout dépend d'une volonté unique que rien n'a le droit d'avertir ni le moyen de contenir, toujours maîtresse de se déployer et de se satisfaire..... Je n'ai pas besoin de dire quels sont ces deux pouvoirs, tout le monde a déjà nommé l'Angleterre et la Russie. Deux états puissans existent encore sur le Continent, la France et l'Autriche; mais elles sont loin d'égaler les deux premières en puissance pas plus qu'en indépendance. Les élémens de cette indépendance ont été donnés aux uns par la nature et refusés aux autres par elle.... Voyez aussi ce qui se passe, et lisez la situation du Continent dans cette anxiété avec laquelle, en toute affaire un peu importante, on se demande dans toute cette contrée ce que l'on pense, ce que l'on fait, ce que l'on prescrit soit à Pétersbourg, soit à Londres..... En tout événement, pour agir on attend un *visa* signé dans une de ces deux métropoles de la politique. C'est ainsi qu'au temps de Napoléon l'Europe entière suivait d'un œil inquiet, écoutait d'une oreille attentive toutes les paroles et tous les pas de son dominateur; le théâtre n'est que transposé, il a passé de Paris à Pétersbourg; le dictateur est changé, il est vrai, mais la dictature et son poids sont restés. Cette position est toute nouvelle dans les annales de l'Europe et même dans celles du monde.....: le protectorat des sociétés humaines *égales en civilisation* par deux puissances que, dans ses jeux, le sort a placées comme en dehors du théâtre même de leur action , qu'il a formées d'élémens presque contradictoires, et qu'il a fixées sur des élémens différens. Voilà où, par un concours de circonstances bien extraornaires, ont abouti les travaux entrepris si laborieusement en Europe depuis la renaissance de la diplomatie , c'est-à-dire depuis l'époque du règne de Charles-Quint..... : résultat aussi singulier qu'inattendu.... Grand Henri, Gustave plus grand encore, Guillaume, Richelieu, Oxenstiern, génies puissans et prévoyans, vos yeux avaient-ils aperçu à travers les voiles de l'avenir, ce résultat des combinaisons savantes par lesquelles vous aspiriez à fonder en Europe l'indépendance par l'équilibre ? Où se trouve aujourd'hui cette balance ? D'un côté, en Russie, dont le nom n'était pas même alors fixé en Europe, derrière un rideau tissu et épaissi par la barbarie se formait silencieusement le géant du Nord ; d'un autre côté, l'Angleterre, enfantant péniblement sa réformation religieuse et politique, s'était à peine essayée sur l'Océan ; elle ignorait encore l'Inde et l'Amérique, aujourd'hui elle enserre le monde dans ses bras aussi robustes que longs. Héros français dont la dépouille engraisse les champs de la Russie, vainqueurs de ses soldats, mais victimes de ses frimas, cette terre doit peser doublement sur vous, puisque votre sang n'a pu trouver le seul prix qui fût digne de lui, dans la création de la barrière que réclamait l'Europe, et que devaient fonder vos travaux..... Vains regrets, le temps propice aux combinaisons libres et salutaires est déjà loin de nous.....

Mais s'il existe deux grands pouvoirs, par là même il existe deux grandes rivalités. Représentez-vous deux fleuves partant d'une source commune et coulant séparés dans un sens contraire et parallèle, leurs eaux toujours voisines ne se mêleront jamais. Ainsi, réunies contre Napoléon, par sa mort politique, qui fut leur ouvrage commun, l'Angleterre et la Russie se trouvèrent séparées. Sa tombe devint le point de départ pour leur séparation, et les alliés de Leipsick et de Waterloo sont devenus des rivaux pour tout le reste des âges..... Rome et Carthage ne s'observèrent pas avec plus de jalousie, César et Pompée ne partagèrent pas davantage la ville de Romulus; on voit l'Angleterre et la Russie occupées à se faire valoir aux yeux de

l'Europe, à proposer leur appui aux faibles ;
on croit entendre deux hérauts qui, placés
aux deux extrémités de l'Europe, la font retentir d'invitations alternatives, pour la faire
accourir vers eux.

Un écrit destiné à guider dans le choix de
ces protecteurs obligés, en faisant bien connaître tous les élémens qui concourent à la
formation de ce protectorat, m'a paru ne
pouvoir qu'être *à l'ordre du jour*; il est né
du besoin des circonstances ; enfant de la
nécessité, il en retrace les attributs ; il n'est
pas local, il est européen ; il n'a été conçu
sous l'influence du ressentiment d'aucun tort
comme d'aucune grâce ; sans intérêt, je ne
puis être que sans partialité ; je parle à la
face de l'Europe, j'analyse ses intérêts les
plus vivans, en voilà assez pour m'avertir de
mes devoirs. Je n'y ai pas manqué dans tout
ce que j'ai écrit, je n'aurais pas réservé la
déviation de cette ligne pour le moment où
elle serait la plus coupable. Il est trop commun d'entendre dire d'un livre : C'est un
ouvrage anglais, français, russe. Beaucoup
d'hommes font consister leur mérite principal à découvrir, et comme à subodorer cette
tendance. Quant à celui-ci, je suis bien sûr

qu'il est européen.... Quand on traite d'aussi grands intérêts, il faut commencer par oublier les hommes, qui sont passagers, pour ne s'attacher qu'aux choses qui restent. Quand les pouvoirs se trouvent créés, murmurer contre eux n'est plus qu'un vain dépit, un véritable enfantillage, il faut regarder à leur nature, à leurs attributs, et se demander où et comment ils peuvent agir, nuire ou servir, attaquer ou défendre.... Loin ces mémoires inexorables qui aiment à tout rapporter à la douleur causée par d'anciens dommages! Quels sont en pareils cas les souvenirs de Crécy ou de la Moskowa? Waterloo lui-même doit être aussi loin de l'esprit qu'Azincourt ou Ramillies.... Gardons de ressembler à ces politiques prussiens ou autrichiens, pour lesquels, pendant cinquante ans, le sublime de l'art fut de se faire et de se vouloir tout le mal possible..... Malheur à qui prend pour guides la haine ou la rancune! il a renoncé d'avance à la raison et à la justice.

Dans cette grande cause, je n'ai aspiré qu'au rôle de rapporteur fidèle et impartial : les lecteurs jugeront le fond du procès.

Il m'a paru utile et convenable, dans une discussion tout-à-fait libre, telle qu'est celle-ci, de présenter un état succinct de toutes les parties dont se compose la puissance anglaise. Ce n'est pas un monument à la gloire personnelle de l'Angleterre que je me suis proposé dans ce travail, mais à celle de la civilisation, dont cette puissance est l'ouvrage et la mesure; car l'Angleterre n'a pu fonder et maintenir sa puissance et son opulence, comme je le prouverai, que sur l'accroissement de la civilisation dans tout l'univers. Il résultera de l'enseignement donné par l'exemple de l'Angleterre, que l'art d'être heureux consiste à ne faire que du bien aux autres et à ne suivre que la voie de la raison..... Pour toute la partie dans laquelle il entre des chiffres et des faits positifs, j'ai dû prendre pour guides les deux écrits intitulés, *État de l'Angleterre en* 1821 *et* 1822, 1°. parce que ces calculs résultent de documens officiels; 2°. parce que leur publication a un caractère semi-officiel; 3°. parce que j'y ai reconnu une conformité complète avec les notes que depuis un grand nombre d'années j'ai recueillies sur les mêmes matières dans les discussions parlementaires; 4°. parce que personne ne peut produire des bases de calculs contraires qui méritent quelque croyance, et qui reposent sur des fondemens solides.... L'apparition de l'*État* 1821 donna à l'esprit de parti l'occasion de se manifester en sens contraires. On fit de cet écrit une arme à deux tranchans. D'un côté, on s'en servit contre le ministère français, en lui opposant les travaux économiques du ministère anglais ; de l'autre, on rentrait dans les reproches répétés depuis trente ans contre tout ce qui vient de l'Angleterre, et on s'inscrivait en faux contre une partie des assertions contenues dans cet écrit.... Le grand rapport de la question avait également échappé à tous, celui de l'amélioration des sociétés humaines, comme source de la richesse de l'Angleterre, qui ne s'alimente que de cette diffusion de l'aisance et du goût dans tout l'univers..... Ces vains propos n'ont fait aucune impression sur mon esprit, et n'en doivent produire aucune sur celui de personne. Rien n'est plus rare qu'une solide et réelle réfutation ; et parmi tous ces grands réfutateurs, combien y en a-t-il qui réfutent réellement quelque chose? Je me suis donc tenu à ces deux documens, parce que je n'ai pas aperçu une seule bonne raison pour les rejeter.

# CHAPITRE II.

### L'ANGLETERRE. — SA POPULATION.

La population est la base véritable de la force des états; l'agent qui féconde, qui exploite, qui combat, qui trafique, qui demande la richesse à la terre et à la mer, doit être compté le premier, car tout vient de lui; sa présence vivifie tout, son absence a le même pouvoir pour stériliser : l'homme est cet agent universel, irremplaçable; sa présence est pour les états ce que le soleil est pour la terre : sans le premier, point de force pour l'état, sans le second point de fruits sur la terre, plus de sève dans les plantes.... tout meurt et s'éteint..

La population européenne des trois royaumes unis s'élève à 18,000,000 hommes. L'*État de l'Angleterre en* 1821 établit que cette population a augmenté d'un *cinquième* dans l'espace de temps qui s'est écoulé depuis 1792 jusqu'en 1822, c'est-à-dire pendant trente

ans, espace de temps qui correspond à-peu-
près à celui que, par chaque génération, les
calculateurs attribuent à la durée commune
de la vie humaine, fixée par eux à trente-trois
ans pour chaque membre de l'humanité.

L'accroissement que l'Angleterre a acquis
est fort grand, et ne se retrouve dans aucune contrée de l'Europe : il faut aller jusqu'aux États-Unis pour rencontrer encore
mieux ; car dans ce pays la population, qui,
en 1776, était de *trois millions*, arrive à onze
millions. Les progrès de la population anglaise ont eu lieu dans un période de temps
consacré exclusivement à la guerre, circonstance en général plus contraire que favorable
à ce genre d'accroissement : en le comparant
abstractivement avec ce qui se passe sur le
Continent, on pourait en être étonné ; mais
la réflexion montre bientôt que ce qui sévit,
comme un fléau, sur le Continent, doit s'é-
mousser contre les préservatifs dont la nature
et la civilisation ont contribué à munir
l'Angleterre. En effet elle est située et constituée socialement de manière que ce qui
fait du mal aux autres lui fasse du bien ; que
ce qui fait reculer ailleurs, fasse avancer chez
elle ; que ce qui ailleurs éclaircit les rangs, les

épaississe chez elle: la guerre n'atteint que les
coffres de l'Angleterre, ses cités et ses champs
restent intacts: les dévastations, compagnes
ordinaires de la guerre, viennent expirer au
pied de ses rivages, du haut de ces citadelles
ailées qui lui donnent l'empire de la mer,
l'Angleterre chasse devant elle la guerre et
ses fléaux, comme on voit des vaisseaux que
l'homme a rendus les rivaux ou plutôt les
vainqueurs des élémens, dissiper avec les
foudres qui arment leurs flancs, les nuées
orageuses que le ciel a formées avec les vapeurs de l'Océan... Tandis que presque toutes
les capitales de l'Europe étaient occupées par
l'ennemi; tandis que vingt princes fuyaient,
erraient, rentraient humiliés dans leurs états
morcelés, immobile, inébranlable au milieu
des flots, l'Angleterre attirait dans son sein
tout l'or et toutes les marchandises de l'u-
nivers; elle nourrissait, elle habillait, elle
armait amis et ennemis; les arts, excités
par la nécessité, tendaient à la perfection,
créeaient à-la-fois le besoin et l'attrait de leurs
produits; appliqués sans cesse à satisfaire
un goût devenu universel, ils ouvraient les
portes que la force tenait fermées: dans un
pareil ordre de choses, il est bien évident

que pour un homme abattu sur les champs
de bataille, l'industrie en appelait cent à concourir à une reproduction qui sans elle leur
fût restée interdite : ainsi c'est du sein même de
la mort, du gouffre où s'ensevelissaient d'autres populations, que la vie s'est reproduite et
multipliée pour l'Angleterre. Ce progrès, dont
on ne jugeait pas bien le principe, avait
trompé les yeux accoutumés au spectacle des
effets que la guerre produit ordinairement
sur le Continent ; c'est que la marche de
l'Angleterre leur avait échappé, cette marche
se faisait en sens inverse de celle du Continent : ici, la guerre est un état suspensif de
l'activité laborieuse, principe et mobile principal de la reproduction dans les sociétés.
L'homme atteint par le glaive tombe sans
compensation, en Angleterre plus la guerre
s'étend, plus le travail croît ; cent ouvriers
remplacent un seul combattant : alors aussi
de toutes parts on s'adresse à l'Angleterre, qui,
inaccessible à la guerre, supérieure en industrie et en capitaux, voit tout le monde,
sans en excepter ses ennemis, lui demander
de les pourvoir. Le temple de Janus n'est
pour elle que celui de Plutus, et quand les
portes du premier s'ouvrent pour donner

passage aux fléaux dévastateurs du Continent,
ells ne font que livrer passage, en faveur de
l'Angleterre, aux dépouilles et aux tributs
du monde, conquis par son trident ou attirés
par ses atteliers..... L'Angleterre a fourni
naguère un solennel exemple du contraste
de l'action de la guerre sur le Continent ou
sur elle..... Plus la guerre s'était envenimée,
plus elle prospérait : elle était devenue à-la-
fois l'entrepôt et la manufacture de l'univers :
aussi le revenu de la terre et le nombre de
ses ateliers s'élevaient chaque jour ; la paix
appelant le Continent à partager ce dont elle
avait joui exclusivement, l'allégresse et la
richesse ont reparu sur le Continent ; en
Angleterre, la terre est devenue moins fruc-
tueuse, et des atteliers moins appliqués au
travail ont menacé de grands embarras.....
Cette observation explique suffisamment
comment une guerre de vingt-deux ans a vu la
population anglaise s'accroître d'un cinquième, il n'en faut pas conclure qu'elle diminuera
dans la paix : ce résultat n'est pas à craindre
dans une nation éclairée, attentive à ses intérêts et qui sait trouver des compensations à
toutes les pertes qu'elle peut éprouver... C'est
ce qui est arrivé pour l'Angleterre..La paix lui

a fait perdre une partie des produits que son commerce exclusif lui avait valu pendant la guerre : qu'a-t-elle fait ? Elle a cherché et trouvé des compensations, au point que les produits de 1821 et 1822 surpassent ceux des années de guerre qui lui avaient été les plus favorables. L'accroissement de la population anglaise est sous beaucoup de rapports aussi favorable au Continent qu'à l'Angleterre elle-même : il ne faut pas s'en affliger comme d'un moyen ajouté à sa puissance, cette question se présente sous un autre rapport, qui provient de la civilisation : le commerce est l'ame des sociétés modernes, il recherche par-tout des consommateurs ; le peuple le plus consomateur est le plus précieux pour le commerce, et par suite pour la société tout entière : le peuple anglais est le plus grand consommateur de l'univers, son accroissement sera donc celui du commerce même, et par là il importe à tout le monde... Mettez à côté du peuple anglais ces nations insensibles aux jouissances, hébétées dans un engourdissement moral et physique, privées de goûts semblables à ceux des peuples civilisés, par exemple, des Turcs, des Africains, qu'importe au bien général de la so-

ciété la multiplication de ces peuplades sté-
riles pour les autres comme pour elles-mêmes?
Qu'en recevoir? que leur donner? qu'apporter, qu'échanger avec elles? Elles sont comme
mortes au monde, et le caractère sacré de
l'humanité mis à part, la brute dont la chair
nourrit l'homme, dont une autre partie de
la dépouille contribue à ses arts, est plus
utile à l'humanité que ces êtres revêtus de
la figure humaine, et qui ne contribuent
en rien à l'utilité de leurs semblables.

La population de l'Inde anglaise non plus
que celle de ses colonies américaines, ou
insulaires dans d'autres parties du globe, ne
fait point partie du nombre indiqué plus haut
comme étant celle de l'Angleterre, et qui s'é-
lève à dix-huit millions d'habitans. La population coloniale est, il est vrai, soumise
à l'action de l'Angleterre; mais elle n'y prend
point une part directe : au contraire, elle
exige pour sa garde, soit intérieure, soit extérieure, l'emploi d'une certaine partie de
la population même de l'Angleterre. Ainsi il
serait juste de la compter plutôt en dépense
qu'en recette, car la partie de la force anglaise qui lui est destinée serait employée
ailleurs. Toute cette partie exotique de la po-

pulation ne rentre dans la population anglaise que sous le rapport indiqué plus haut,
c'est-à-dire en qualité de consommateur des
produits territoriaux ou industriels de l'Angleterre. Ces objets de consommation produisent le travail et un salaire, d'où résultent
les progrès de la population dans le pays qui
les fournit. D'après cette considération, il
est indispensable de ne tenir compte que de
la population anglaise fixée, en Europe, dans
l'étendue des trois royaume.

# CHAPITRE III.

## FINANCES.

Prononcer le nom des finances anglaises, c'est nommer l'immensité ; elles ont réalisé les richesses que dans ces fictions, libres enfans de leur imagination, les Orientaux se plaisent à créer ; et ce qu'il y a de plus merveilleux et de plus instructif à-la-fois, ce n'est point par la possession de mines d'or ou d'argent que l'Angleterre est arrivée au sommet de l'opulence, mais par sa fidélité aux admirables institutions qui la régissent, car c'est toujours là qu'il faut en revenir. La possession matérielle des métaux ne constitue pas la richesse, comme l'exemple de l'Espagne le prouve de reste ; cette richesse ne peut s'établir et durer que par l'adoption de principes fixes, invariables par le contrôle continuel du public, et par le libre développement des facultés de tous les citoyens. Voilà les sources où il faut puiser. Quand on traite

des finances de l'Angleterre, il faut se borner
à évaluer les produits des deux royaumes
d'Écosse et d'Angleterre. Ceux de l'Irlande,
pas plus que les revenus coloniaux ou indiens, n'en font point partie.... Le budget de
l'Inde n'est pas plus une partie de celui de
l'Angleterre, que de celui de l'Irlande, *et vice
versâ*.

Examinons les diverses parties de ce merveilleux édifice, de cette féerie véritable.

Le budget de l'Angleterre s'élève pour 1823
en recette à . . . . . . . 1,328,000,000
en dépense à. . . . . . . 1,200,000,000
d'après le rapport fait à la
chambre des communes dans
sa séance du 6 février 1823.

En 1815, les taxes perçues
sur l'Angleterre atteignirent
la somme de . . . . . . . 1,600,000,000

Pendant les longues années
de guerre qui ont rempli l'espace de temps depuis 1808
jusqu'à 1815, ce revenu s'est
soutenu au taux moyen de . 1,500,000,000

Cela est prodigieux, inouï,
paraît fabuleux, et douze millions d'hommes ont suffi pour

défrayer cette dépense colossale!

Par conséquent, si l'Angleterre eût été pourvue des avantages qu'offrent un territoire et une population équivalens à ce que la France en possède, elle aurait pu montrer au monde étonné un trésor pourvu d'un revenu annuel de . . . . . . . . . . . 3,600,000,000

L'Espagne, maîtresse de l'Amérique, du sol qui crée l'or et l'argent, peuplée de onze millions d'habitans, c'est-à-dire approchant de la population anglaise, avec un sol, qui dans sa plus grande partie servirait d'engrais à la moitié de celui de l'Angleterre et le réchaufferait à défaut des rayons d'un soleil qui ne tombent qu'obliquement et à travers d'épais nuages sur les champs anglais, eh bien! avec tous ces principes de supériorité, l'Espagne n'a jamais pu dépasser un revenu

de . . . . . . . . . . . . . . 160,000,000

L'Autriche elle-même, l'immense, la féconde, la popu-
leuse Autriche a bien de la
peine à atteindre un revenu
annuel de . . . . . . . . . 300,000,000
ce qui n'est guère que la cinquième partie
du revenu de l'Angleterre, qui n'a que la
moitié de la population de l'Autriche, et tout
au plus un tiers de son territoire : tant il est
vrai qu'en finance, comme en tout, le physique est subordonné au moral, c'est-à-dire
à la sagesse guidée par la lumière.....

Sous les Stuarts, lorsque le gouvernement
tendait à établir un régime aussi propice à
l'amélioration nationale que l'a été pour l'Espagne celui qui l'a conduite à l'état où nous
l'avons vue, l'Angleterre était au dernier rang
de la richesse européenne : revenus, crédit,
industrie, commerce, tout languissait ou périssait, tout était absent ou proscrit; l'histoire
de ce temps est presque celle d'une lutte
financière entre le prince et le peuple, et la
triste représentation d'un déficit sans cesse re-
naissant.... Mais à peine le principe de vie qui
avait été comprimé, mais non pas détruit,

fut libre de se déployer, que l'on vit éclater
tous les germes de fécondité que la nation
recélait dans son sein; on la vit entrer comme
à pleines voiles dans les routes de lumières
et de bonheur, dont son intérêt et sa surveillance n'ont plus permis à son gouvernement
de s'écarter, et dans lesquelles des voix libres
n'ont pas cessé de le rappeler : dès-lors les
prodiges se sont multipliés; ils ne se sont
pas arrêtés un seul jour, et par leur conti-
nuité, un des plus petits états de l'Europe,
celui qui a reçu le moins de faveurs de la
part de la nature, aujourd'hui les surpasse
tous par la richesse, et les domine presque
tous par la puissance.... L'Angleterre tient la
bourse du monde et en dispute le sceptre....
Quand les choses ont dépassé les idées re-
çues généralement, les mots que l'usage des-
tine pour les exprimer perdent leur signification naturelle. Cela peut s'appliquer à ces
fortunes colossales qui s'élèvent de loin en
loin au milieu de la société : pour elles, les
mots *perdre* ou *gagner* ont une acception tout-
à-fait étrangère à celle que leur reconnaissent
des conditions très-inférieures. Ainsi en est-il
de la fortune de l'Angleterre : ce qui ébran-
lerait ou enrichirait un autre état, l'effleure

à peine ou ressemble à quelques gouttes
d'eau ajoutées à l'immense Océan....... Elle
joue avec des sommes dont la seule mention
agirait sur d'autres états comme la tête de
Méduse. Rien n'entrave, rien n'arrête la marche des directeurs des affaires anglaises! Une
seule condition est apposée à l'adoption de
leurs pensées, à l'exécution de leur volonté;
mais cette condition est de rigueur, celle de
l'utilité démontrée. Dès qu'elle apparaît dans
un éclat nécessaire pour frapper tous les yeux,
l'or coule et toute difficulté est aplanie. Ce
n'est pas dans le trésor qu'elle existe, mais
dans le conseil; quand la sagesse y siége, la
clef du premier lui est toujours remise......
Aussi voit-on le gouvernement anglais embrasser sans hésitation les plans les plus vastes, se livrer aux combinaisons les plus har-
dies et franchir sans encombre des difficultés dont l'aspect eût terrassé les administrateurs de cent autres lieux...... C'est ainsi
qu'on l'a vu remettre aux contribuables,
depuis 1819, des sommes qui n'étaient pas
moindres de 500,000,000. On l'a vu ramener
une partie de la dette publique du taux de
cinq pour cent à celui de quatre, en réta-
blissant dans la jouissance de leurs capitaux

les créanciers méfians ou bien enclins à chercher d'autres emplois à leurs fonds..... On l'a
vu encore convertir en annuités au long terme
de quarante ans les pensions des militaires
de terre et de mer, qui s'élevaient au taux
exorbitant de 120,000,000, opération financière qui peut être bonne assurément, et que
l'on peut croire telle, puisque le parlement
britannique l'a jugé ainsi, et il est rempli de
très-bons juges dans cette matière, mais
qui en même temps présente un précieux enseignement, 1°. sur les inconvéniens de ces
masses militaires qui écrasent à-la-fois les
finances et les libertés d'un pays; 2°. sur les
résultats prolongés de ces guerres qui, long-
temps après leur cessation, font encore ressentir leurs funestes effets..... Ces effets pe-
saient sur l'Angleterre de manière à ce que les
pensions militaires de ce pays seul dépassas-
sent les revenus réunis des quatre royaumes
de Suède, de Danemark, de Piémont et de
Saxe, de manière encore à ce que, bornées
en 1792 à la somme de . . . .    17,000,000
en 1822 elles s'élevaient au-delà
de . . . . . . . . . . . . . . . . . 120,000,000

Maintenant comment appliquer au crédit
de l'Angleterre la signification attribuée par

l'usage général au crédit de tous les autres états? En quoi ce crédit ressemble-t-il aux autres? Comme l'Angleterre ressemble à ces autres pays : en voici un qui, depuis cent trente ans, son banquier propre comme celui de l'Europe, pourvoit à des dépenses immenses, solde tout et tout le monde, et grandit au milieu de ces profusions, accroissement de sa prospérité; le voilà qui dans ce moment, sous une dette d'un poids annuel de huit cent millions, proclame, à la face de l'Europe, que jamais la nation n'a été plus en mesure d'embrasser toutes les résolutions exigées par son honneur, et par l'intérêt général de l'Europe...... Sûrement il faut avoir fait comme un pacte éternel avec le crédit pour parler avec cette assurance, c'est qu'en Angleterre le crédit c'est le temps sans tache de banqueroutes, c'est l'esprit national, c'est l'Angleterre elle-même, et l'Angleterre avec tous ses attributs de morale, de lumières, de richesse. Comment le crédit retenu par des ancres aussi fortes pourrait-il être ébranlé? Comment pourrait-il être extirpé d'une terre dans laquelle il a jeté de si profondes racines? Comment l'Angleterre mentirait-elle à-la-fois à elle-même et à toutes

ses institutions? Au contraire, dans les contrées dépourvues des institutions qui ont
fondé le crédit anglais, le leur propre n'est
qu'un accident : frêle arbrisseau battu par
tous les vents de l'intrigue et de la cupidité,
il fleurit ou dépérit suivant l'habileté de la
main qui le cultive; sa base ne dépasse pas
les proportions du trésor public, il ne s'ap-
puie que sur lui, et ses autres supports ne
se trouvent que dans le cabinet du prince, ou
bien autour de la table du conseil.... La différence des deux positions suffit pour expliquer ces deux résultats...En Angleterre, une
partie très-considérable de la population a
confondu ses intérêts et son existence avec la
dette publique, c'est-à-dire avec le crédit; sur
le Continent, c'est le plus petit nombre : la
dette publique appartient presque exclusivement aux capitales, le reste de la population
l'ignore ou s'en méfie comme d'un principe
de ses maux, elle voterait plus pour son effa-
cement que pour son maintien; on a vu en
France les quatre principales villes commer-
çantes, Bordeaux, Lyon, Rouen, Lille, ne pouvoir pas soutenir un bureau d'échange des bil-
lets de sa banque, tandis que l'Angleterre voit
ses comtés compter par centaines les ban-

ques provinciales.. Quand le Continent se sera
élevé au même degré de lumières sur la liaison des intérêts privés avec ceux de l'association tout entière, il jouira de tous les
avantages que ces liaisons ont procurés à
l'Angleterre...

L'Angleterre a de plus fourni un grand fait
d'une précieuse instruction, celui qui a montré la diminution des poursuites légales contre les contraventions aux lois fiscales les
plus nombreuses, les plus variées, les plus
minutieuses. Écoutons le ministre anglais,
page 207 de l'*État de la nation en* 1822 :
« Quand on considère l'immensité du revenu
» qu'on prélève sur la population de ce pays;
» quand on voit, par exemple, qu'une grande
» partie de ce revenu, qui n'est pas moindre
» *de huit cent millions*, n'est point levé sur les
» denrées en masse, mais est perçue, au moyen
» de l'excise, sur de nombreux articles, dans
» un grand nombre d'endroits, et par une in-
» nombrable quantité de mains, on pourrait
» raisonnablement s'attendre, *à priori*, à voir
» l'intervention des lois fréquemment re-
» quise pour prévenir les fraudes et les recéle-
» mens; mais les faits sont diamétralement
» opposés à cette supposition : pendant cinq

» ans, depuis 1817 jusqu'en 1822, le nom-
» bre des poursuites pour *faits d'excise* est
» diminué de plus *des deux tiers*; en 1817,
» le nombre s'en éleva à 461, en 1819 à 220,
» en 1822 à 186.

Le fait est admirable en lui-même, il est unique dans l'histoire fiscale d'aucun peuple : voir la moralité d'une nation croître avec les taxes dont on la charge, était réservé au pays qui surpasse les autres en civilisation, et qui sait que les taxes ne s'adoucissent point par de la mutinerie, mais par le travail, et qui jouit d'institutions propres à assurer le plus libre développement de ses facultés ; chez lui, par une alliance inconnue ailleurs, un lien amical réunit l'accroissement des taxes et celui des moyens de les acquitter.. Ailleurs, ce sont des ennemis irréconciliables ; en Angleterre, des associés et des rivaux concourent au même but, l'utilité publique dans l'assiette de ses taxes ; l'Angleterre a épargné la terre et frappé la consommation ; en Amérique, cette Angleterre perfectionnée, on a été encore plus loin : car la terre a été affranchie, et la consommation seule a été atteinte. On dirait qu'en ces lieux l'homme ne touche qu'avec respect le sein qui l'a nourri, et qui doit lui servir à jamais d'asile.....

En Angleterre, l'impôt direct affectant la terre ne dépasse pas 36,000,000 francs : voyez l'*État de l'Angleterre en* 1822, page 58.

Tous les autres impôts qui ont rapport à la terre ne produisent que 200,000,000 fr., sur quoi il faut observer avec le document cité plus haut, que cette somme représente l'occasion de l'impôt, et non la matière sujette à l'impôt ; ce qui, en d'autres termes, veut dire que l'impôt pèse sur le consommateur et la consommation. C'est toujours là qu'on en revient en Angleterre... Par conséquent tout l'impôt foncier de l'Angleterre ne compose guère que la *onzième* partie des charges publiques ; tandis qu'en France, dont le budget est fixé à 900,000,000... l'impôt foncier forme un peu plus du tiers de la somme contributive totale....

Dans le reste de l'Europe, la proportion est encore plus forte : ici, se montre un grand enseignement, celui que le choix des taxes dépend de la science administrative ; l'impôt direct est l'impôt de l'ignorance, l'impôt indirect est celui de la science. En effet il ne faut pas être bien savant pour frapper de *centimes additionnels* un sujet toujours certain, qui ne peut ni fuir, ni se cacher, tel que sont les champs : tout le monde peut être également propre à ce judicieux travail ; mais il n'en est pas de même quand, dans l'assiette et le choix de l'impôt, il faut rechercher les goûts, les inclinations des contribuables ; dérober à leur vue une partie du fardeau et le varier dans une sage distribution de son poids sur un grand nombre de points... Tel est l'art requis par ce genre d'impôts ; c'est une science, et une science exacte, et dont les élémens ne sont encore bien compris qu'en Angleterre..... Aussi n'est-ce que chez elle que l'on voit des effets merveilleux, tels que ceux dont elle offre l'étonnant tableau... C'est à la culture de cet art qu'elle doit un revenu de 800,000,000 provenant de huit articles de l'excise.

Quand on songe qu'un pays aussi peu étendu que l'est l'Angleterre perçoit annuellement de ses douanes la somme de 240,000,000, preuve évidente de la double immensité du commerce et de la consommation, somme qui surpasse celle que le reste de l'Europe retire de ses douanes ; quand on voit en Angleterre le revenu de la poste s'élever à 44,000,000, tandis qu'en France il n'atteint pas 12,000,000, on peut se faire une juste idée du pouvoir de la science en matière d'impôts, et des effets de cette science sur l'état des nations.... En Angleterre, tout a été mené dans l'ordre de la raison et dans celui de la nature : aussi s'y est-on bien gardé de tomber dans l'erreur qui a fait le fonds de la science économique de presque tout le Continent, sur lequel on a vu les administrateurs presque exclusivement occupés de pourvoir au luxe ; tandis que, mieux avisés, les Anglais s'attachaient à pourvoir aux besoin généraux de l'humanité : ce qui a fait que d'un côté on travaillait pour les masses, et de l'autre pour les privilégiés. Le résultat a démontré de quel côté se trouvait le bon jugement.

Quand dans une contrée, la France, par exemple, et plus encore en Espagne, le luxe est l'apanage de quelques-uns seulement, l'aisance le partage d'une classe peu nombreuse, et la misère l'état habituel du plus grand nombre, il est impossible qu'il y ait ni aisance générale, ni mouvement marqué dans la circulation. Il ne faut pas une grande activité pour pourvoir à un petit nombre de besoins et de demandes. Aussi voyez l'état intérieur de tous ces pays : comment le peuple est-il logé, vêtu, nourri? de quel mobilier use-t-il? comme la circulation est lente et les chemins silencieux et déserts! comme les tributs y sont ruineux pour le contribuable et difficilement acquittés.... Regardez au contraire l'état de l'Angleterre; contemplez l'embonpoint de son peuple , une nation entière porte les livrées de l'aisance et de la propreté. De grands souverains visitant Londres en 1814, pressés par les flots de la multitude avide de les voir, mais n'apercevant pas au milieu d'elle les images dont leurs yeux avaient l'habitude d'être frappés dans leurs états , demandèrent : *Où est donc le peuple?* Jamais l'état prospère et privilégié de l'Angleterre ne reçut un plus bel hommage que par cette demande , qui faisait, en faveur de la condition générale des Anglais, une exception si honorable. En Angleterre , la mer et une infinité de canaux facilitent les transports, et c'est le pays de la terre dont les chemins sont les plus peuplés..... Aussi ne doit-on pas regarder comme une exagération patriotique ce que porte l'*État de l'An-*

*gleterre en* 1821, page 78, lorsqu'il dit qu'à l'exception du pain, le peuple anglais consomme plus, lui seul, que tout le reste de l'Europe, et il en apporte sur-le-champ la preuve, en établissant que la consommation du sucre en Angleterre s'élève à quatre cent millions de livres, tandis qu'en France elle ne parvient pas tout-à-fait à cent millions; cependant la population française est une fois et demie plus forte que celle de l'Angleterre : si elle consommait dans la même proportion, sa consommation atteindrait un milliard; c'est-à-dire qu'elle serait dix fois plus forte qu'elle ne l'est dans son état actuel : la différence des deux consommations suffit pour expliquer et pour constater la différence du régime économique des deux pays. L'écrit ministériel pour 1822, page 98, déclare que le commerce intérieur et la consommation sont plus importans même que le commerce extérieur; ce qui est prouvé par la comparaison du produit des douanes, qui est de . . . . . . . . . . 240,000,000 avec celui de l'excise proprement dite, qui s'élève à . . . 800,000,000 Et ce qu'il y a de plus remarquable, c'est que la consommation, source de la richesse pu-

blique, augmente d'année en année, et porte
des accroissemens proportionnés à cette richesse : aussi ne peut-on assigner les bornes
de cet accroissement, qui, provenant des
principes les plus sains de l'administration
et de la sociabilité, ne saurait être ni dé-
tourné ni arrêté, protégé qu'il se trouve être
par ces mêmes principes.... On pourrait dire
de l'aisance du peuple anglais comme de son
instruction : chez lui, c'est une propriété de
la masse, un attribut populaire, et dans les
autres pays une propriété de privilége seulement, un attribut de personnes ou de classe.
Comme les autres nations, l'Angleterre a aussi
ses savans, ses hommes supérieurs en génie ;
mais elle seule possède une population parmi
laquelle se retrouve généralement l'instruction nécessaire pour juger sainement les hommes et les choses, pour connaître ce qui lui
convient, et pour se défendre de ce qui ne lui
convient pas ; et, il faut le dire, ce n'est qu'à
ce point qu'on peut assurer qu'il existe dans
le peuple une suffisante instruction.

# CHAPITRE IV.

## COMMERCE.

Un peuple éclairé doit être un peuple commerçant, à son tour un peuple commerçant ne peut être qu'un peuple éclairé : lumières et commerce sont deux alliés inséparables. Comment, sans lumières, le commerce se guiderait-il, et sans commerce que ferait un peuple de ses lumières ? Comparez l'état respectif des pays favorisés ou privés du commerce : dans les uns, on ignore le monde, et tout ce qu'il enserre, tout ce qui le vivifie, qui l'embellit, tout ce qui apporte des jouissances : voyez la Pologne, l'Espagne, la Hongrie, l'intérieur de la Russie. Dans ces lieux, il ne brille quelque lumière, il n'existe quelque jouissance que là où il y a du commerce. Dans les autres pays, par le commerce, on embrasse le monde, on explore toutes ses parties, on s'approprie toutes ses productions ; il n'a plus de secret ni de refus pour la curiosité on pour les besoins de l'homme. Aussi c'est-il en Angleterre que le commerce éclate avec toute la plénitude de ses dons..... Qu'on en juge par le tableau suivant, d'après les rapports imprimés par ordre du parlement (*État de* 1822, page 106 ).

Terme moyen des exportations de 1793 à 1802. . . . . . . . . . . . . 758,000,000
de 1803 à 1812. . . . . . . . . 911,200,000
de 1815 à 1822 . . . . . . . . 1,443,500,000
en 1821, les exportations
françaises . . . . . . . . . . . 450,000,000

Ainsi, depuis la paix et d'année en année, le commerce anglais a pris des accroissemans, en réparant les pertes que lui a occasionnées la paix, qui a rompu l'exclusif dont il avait joui pendant la guerre..... Les dernières années ont surpassé les plus productives pendant la guerre, époque que l'on considérait comme l'apogée du commerce anglais.....

Il serait superflu d'entrer dans des détails étrangers au but de cet ouvrage : ce n'est pas un relevé de toutes les parties de la richesse anglaise que nous pouvons avoir intention de présenter au public, mais une preuve de l'étendue et de la solidité de la richesse com

merciale de l'Angleterre, avec l'indication des principes et des moyens qui l'ont porté et qui le maintiennent à ce degré d'élévation. Je me bornerai donc à rappeler quelques faits énoncés dans les écrits qui me servent de guides.... Ainsi, par l'amélioration du travail, et par la possession de l'Inde, la fabrique des soieries anglaises dépasse celles de Lyon et de l'Italie. Les manufactures de coton et les batistes de Manchester, Glascow, Paislay ont mis hors de cours celles de France et de l'Inde. L'exportation du coton fabriqué s'est élevée en 1821 à . . . 550,000,000
Les exportations en laine s'élèvent à . . . . . . . . . 144,000,000
Pendant les règnes de Georges I$^{er}$. et de Georges II, elles ne dépassaient pas. . . . . 20,000,000

L'Angleterre possède un trésor avec les laines de Botany-Bay, qui surpassent en qualité les plus belles de la Saxe et de l'Espagne.

Le Canada, onéreux à la France, occupe le quart de la navigation anglaise.

Celle-ci a employé en 1822 2,300,000 tonneaux.

Dans cette même année, la construction des navires de commerce est montée à 900.

Les vaisseaux de l'intérieur sont entrés et sortis dans les ports anglais en 1822 , au nombre de. . . . . . . . . . . . 16,000

de l'extérieur. . . . . . . . . . . . . 8,500

Il résulte d'un tableau annexé à l'*État de 1822*, page 171, que l'Angleterre exporte

En Allemagne.. . . . . . . . . 240,000,000

En Russie . . . . . . . . . . . . . 82,000,000

En Italie. . . . . . . . . . . . . . 84,000,000

A la Chine et dans l'Inde. . . 78,000,000

Au Brésil . . . . . . . . . . . . . 54,000,000

Dans l'Amérique espagnole. . 25,000,000

Arrêtons-nous là. Le tableau que nous venons d'exposer n'a pas encore existé dans le monde..... Tyr et Carthage n'eussent été que des comptoirs en comparaison de Londres et de Liverpool.... Si ce spectacle d'opulence pouvait irriter l'orgueil ou l'envie, que ces passions se calment, ou plutôt qu'elles se sacrifient à l'image consolante qui est comme cachée derrière ce superbe mobilier de l'Angleterre : dans nos sociétés modernes, la prospérité de l'un ne peut jamais être que la preuve de la prospérité des autres ; le producteur montre le consommateur ; sans le second, le premier ne subsisterait pas. Si donc les exportations anglaises

atteignent 1,400,000,000, et que pendant le
même temps les exportations françaises entrent dans la consommation générale pour
450,000,000, il est évident que l'Angleterre
seule n'a pas suffi aux besoins généraux des
sociétés humaines. En attendant, celles-ci
n'ont manqué de rien : il existait donc des pro-
ducteurs étrangers à l'Angleterre, occupés
de fournir ces sociétés. Ainsi l'Italie, l'Allemagne, le Nord n'étaient pas restés dans l'oisiveté ; de leur côté, ils travaillaient ; s'ils
recevaient, ils donnaient : par conséquent,
il s'était formé dans l'univers une masse de
besoins et d'appétits de jouissances, qui mon-
trent les sociétés dans un état croissant d'a-
mélioration ; car, sans elle, sans les moyens
d'y satisfaire, comment la concurrence de
tous ces fournisseurs pourrait-elle se soutenir ? Comment les mains innombrables qui
se pressent autour des consommateurs pour
leur faire accepter le produit de leur travail,
en trouveraient-elles le salaire ? Or, elles
le trouvent, elles augmentent en nombre
comme en industrie : il y a donc un accroissement correspondant dans les moyens de
les salarier, de payer le fruit de leur travail..... La conséquence est invincible, car il

n'y a pas de travail sans père, sans but et sans salaire, et la conclusion vraiment consolante que l'on doit tirer de tout ceci, c'est que le nombre de nos semblables, auxquels il est donné d'entrer en jouissance des fruits plus ou moins précieux que la main du Créateur a semés sur la terre, s'accroît journellement et dépasse infiniment la partie de la famille humaine qui jusqu'ici avait été appelée à s'approprier quelques-unes de ces jouissances.....

Ainsi, au lieu de s'affliger de voir l'Angleterre plus heureuse, il faut se réjouir de voir l'humanité moins malheureuse... L'amour de l'humanité est le principe de la véritable philosophie, et dans le bonheur d'autrui il se place toujours un sentiment humain qui nous le fait partager involontairement et même contre notre propre intérêt; car au fond de notre cœur, l'intérêt humain, qui est indestructible, finit toujours par dominer tous les autres, et se faire ressentir le premier.

J'ai cru faire plaisir au lecteur, comme entrer dans les intérêts de son instruction, en lui présentant dans un cadre resserré le tableau des articles principaux dont se compose le commerce de l'Angleterre.... Il lui

épargnera des recherches, il fixera ses idées
sur des objets peu connus ou qui étaient
problématiques. . . . . . Ainsi rien n'est moins
connu, rien n'est assujetti à des évaluations
plus fantastiques que le commerce de l'Angleterre avec l'Inde et l'Amérique méridionale :
ce sont des débouchés nouveaux sur la valeur
desquels aucun document n'avait encore fixé
nos idées ; l'immense progrès de la fabrica-
tion des soieries anglaises est aussi une chose
presque ignorée sur le Continent ; il en est
de même de l'accroissement du commerce des
toiles et sur-tout de celui des mousselines et
des batistes : les dernières ont mis hors de
cours les produits de cette nature, dont la
France avait créé le genre et gardé long-
temps la supériorité. Les premières sont aujourd'hui importées dans l'Inde même, d'où
pendant plusieurs siècles elles nous furent
apportées ; ces deux faits sont nouveaux et
connus d'un petit nombre de lecteurs seulement, il est bon de les répandre ; ils renfer-
ment un enseignement irrécusable sur la
puissance du génie de l'homme, et sur les
résultats d'une industrie perfectionnnée par
les lumières, et constante dans ses laborieux
progrès.

# CHAPITRE V.

## COLONIES ANGLAISES.

Les colonies anglaises se divisent en anciennes et nouvelles colonies.

Les premières sont celles dont la possession est antérieure à la guerre de la révolution : on en compte vingt-six.

Les secondes sont celles que cette guerre a données à l'Angleterre, dépouilles opimes de tous les peuples coloniaux de l'Europe : elles sont au nombre de dix-sept.

Aucune de ces colonies n'est un moyen direct de puissance pour l'Angleterre, au contraire elles demandent l'emploi d'une partie des soldats et des vaisseaux de la métropole. C'est ainsi que Cuba, la Martinique et Saint-Domingue ne contribuaient pas directement à la puissance effective de la France ni de l'Espagne, mais qu'elles occupaient une partie de leurs forces militaires

et navales; il n'existe dans l'histoire coloniale
moderne qu'un seul exemple de secours, de
coopération effective des colonies avec la
métropole : il appartient aux colonies anglaises de l'Amérique du Nord, qui, dans
la guerre de 1756, formèrent des corps de
troupes nationales pour aider l'Angleterre
dans ses entreprises contre l'Acadie et le Canada. Hors de ce fait, on trouve les métropoles toujours chargées de la garde soit intérieure, soit extérieure des colonies ; ce qui
en y comprenant, comme il est juste de le
faire, les guerres dont ces possessions ont
aussi été les objets directs, montre que les
métropoles les ont acquises quelquefois fort
chèrement : dépenses d'autant plus à regretter
que, par leur nature, ces propriétés sont fu-
gitives, et ne peuvent être possédées qu'à
terme..... Le beau côté des possessions coloniales est le produit commercial : ainsi le Canada occupe le quart de la totalité du ton-
nage anglais, c'est-à-dire 600,000 tonneaux.
Il consomme plus des produits de l'industrie
anglaise que ne le font les Indes orientales.
La Jamaïque seule apporte aux douanes
anglaises un tribut de 48,000,000 provenant
d'une importation de cent mille barriques

de sucre ; Saint-Domingue donnait à la France une balance de commerce de 40,000,000.

Ce n'est pas une colonie, mais un empire, et un empire immense, que l'Angleterre possède dans l'Inde. On pourrait faire à l'Angleterre, relativement à cette possession, l'application de ce qui a été dit du Portugal à l'égard du Brésil, que sa tête était en Europe et son corps en Amérique : la disproportion de l'Angleterre avec l'Inde est aussi frappante que celle du Brésil avec le Portugal ; elle est plus éloignée de l'Inde, et la population indienne est proportionnellement plus nombreuse : on ne force aucun calcul, en la portant à soixante millions habitans. Cette masse doit être contenue par une armée anglaise de vingt-deux mille hommes, soutenue par des troupes indigènes qui s'élèvent à cent vingt mille hommes ; c'est-à-dire que l'Inde est gardée pour l'Angleterre par des mains indiennes ; de plus l'armée anglaise de l'Inde doit défendre le territoire soumis à l'Angleterre contre les populations qui l'avoisinent, et qui, outre les causes de dissentions ordinaires entre des états voisins, éprouvent sûrement le sentiment naturel contre une domination étrangère et tout-à-fait éloignée

des mœurs et de toutes les tendances de ceux
sur lesquels elle s'exerce. On ne peut s'empêcher de reconnaître que cette disposition
à se séparer, ne pourra que s'étendre et s'affermir par les progrès mêmes de cette civilisation que les Anglais mettent beaucoup de
soin à importer dans l'Inde. L'attribut principal de la civilisation est de rendre ses droits
à la raison, de faire ressentir plus vivement
ce qui la blesse, et par conséquent d'en faire
désirer le redressement : ce qui blesse profondément l'homme civilisé effleure à peine
celui qui ne l'est pas ; par conséquent la civilisation tend à remettre chaque chose à sa
place, comme étant le lieu que la raison lui
assigne : or, cette raison dit que l'Inde doit
être possédée par les Indiens et pour les Indiens, comme elle inspire aux Anglais que
l'Angleterre doit être occupée par les Anglais
et non point par les Indiens. Quand donc la
civilisation aura multiplié dans l'Inde les
hommes à-peu-près semblables aux Anglais,
la difformité de leur assujettissement à un
joug apporté de si loin, la bizarrerie de le
voir soutenu par eux-mêmes, la facilité de
s'en affranchir, produiront dans l'Inde le
mouvement rétroactif dont nous venons

d'être les témoins dans la contestation de l'Amérique avec l'Espagne ; *la majorité* de l'Inde arrivera comme celle de l'Amérique, tout y tend dans la nature, c'est elle qui l'a fait et non pas nous ; chaque peuple, comme chaque être animé, a son jour de majorité, marqué par le développement de ses forces et de son esprit..... L'époque de ce développement pour l'Inde ne peut être assignée d'une manière précise ; mais elle arrivera par le complément inévitable de tous les élémens destinés à la produire.....

Que perdra l'Angleterre à ce changement? Rien : au contraire il est possible qu'elle y gagne en cessant d'être obligée de pourvoir à la défense de l'Inde. On a porté trop haut les profits de l'Inde pour l'Angleterre, on les a mal compris ; ils sont de deux espèces : 1°. les produits de la souveraineté, 2°. ceux du commerce. Les premiers, en y comprenant les frais des guerres indiennes, sont à peine suffisans pour l'entretien de l'établissement ; sous ce rapport cette possession est plus de luxe que de profit véritable : aussi voit-on en Angleterre un bon nombre des esprits les plus patriotiques, comme les plus éclairés, plus prêts de se détacher de cette propriété que de la défendre. Elle ne retrouve son prix que dans le commerce présent que l'Angleterre a déjà réussi à y établir, et dans le commerce sans bornes que l'extension de la civilisation dans cette contrée lui montre comme ne pouvant lui échapper... Voilà ce qu'il faut bien entendre. Il a fallu la possession de l'Inde pour fonder le commerce avec elle; les progrès de celui-ci, avec le temps, dispenseront de la nécessité de la possession : antérieurement à cette époque, l'Inde n'acceptait rien ou presque rien de l'Europe, celle-ci n'était admise que *pour son argent* ; la conquête a donné à l'Europe les moyens d'y faire pénétrer les goûts de l'Europe même, dès-lors l'importation des métaux a été moins nécessaire : on a pu commencer à commercer avec l'Inde par voie d'échange, comme on le fait avec toutes les parties du monde, non pas à titre de propriété, mais à titre de conformité de goûts; plus cette conformité s'étend, plus aussi le commerce d'échange s'établit, et comme l'Inde est, par son étendue, par sa population et par sa richesse, le plus opulent marché de l'univers, il est évident qu'il est destiné à devenir du plus grand prix pour l'Europe, et sur-tout pour l'Angleterre, qui aura appris à pourvoir ce marché et qui possède plus de moyens de le faire avec avantage : aussi voit-on le commerce anglais se tourner de préférence vers cette contrée, les siècles seulement donneront à l'Amérique ces races nombreuses dont le sol de l'Inde est chargé; tout est fait dans l'Inde pour le commerce. Tout est encore à faire en Amérique ; la grande difficulté est vaincue, celle de donner à l'Inde les goûts de l'Europe; l'Angleterre a triomphé de cet obstacle, il est levé, il ne s'agit plus que d'élargir les voies par lesquelles, heureux vainqueur de l'industrie indienne, l'Angleterre introduit les goûts de l'Europe aux lieux qui les ignoraient, qui les repoussaient, ou qui les combattaient avec avantage.... Ce sera à ce point que la possession de l'Inde deviendra moins qu'indifférente à l'Agleterre; car alors elle pèsera sur elle, et l'Angleterre pourra se démettre de sa possession lorsqu'elle aura la certitude de pouvoir conserver l'ouverture de ses marchés... Toute la question de l'Inde se réduit à une simple balance de commerce et aux moyens de se l'assurer. Est-elle en votre faveur d'une manière durable? rendez

l'Inde à elle-même. Vous est-elle contraire ?
continuez à garder l'Inde, pour y poursuivre
la culture des consommations européennes ;
faites pénétrer leur goût dans ce sol qui leur
fut si long-temps rebelle ; portez dans vos
ateliers cette supériorité industrielle qui com-
pense la différence du climat et de la subsistance de l'Inde avec leurs correspondans
en Europe, et lorsque vous aurez gagné ces
points capitaux, séparez-vous courageuse-
ment de l'Inde et laissez les regrets à cette
classe routinière qui ne sait pas voir l'Europe et l'Inde réagir commercialement l'une
sur l'autre..... L'Europe est, sur ce sujet,
remplie de doctrines irréfléchies ; la plupart
de ses habitans, même dans les classes su-
périeures, sont frappés de stupeur quand
ils entendent dire qu'aujourd'hui l'Europe
envoie des mousselines dans l'Inde : combien y a-t-il de personnes qui sachent, ou qui
ne soient étonnées d'apprendre qu'en 1822
l'Angleterre a exporté dans l'Inde, malgré
un climat très-défavorable à ce genre de
commerce, des produits de ses manufactures de laine pour la somme de 56,000,000,
et que dans cette fourniture il entre pour
17,000,000 de vêtemens confectionnés ; ce

qui ajoute le bénéfice de la main d'œuvre à
la fourniture de la matière première. Il en
sera de la séparation de l'Inde avec l'Angleterre comme il en a été de celle des États-
Unis avec elle. Ils avaient été fondés et peuplés par l'Angleterre ; les goûts anglais
étaient devenus par là même les goûts de la
population entière; l'accroissement de celle-
ci, ainsi que celui de ses lumières, amena la
séparation avec la métrople; ce divorce si
redouté, combattu avec tant de frais, re-
poussé par les augures les plus sinistres, a
fini par être également avantageux aux deux
états; il a fait la fortune des deux conten-
dans : l'Amérique du Nord est aujourd'hui le
marché le plus fructueux, le débouché le plus
avantageux de l'Angleterre ; de leur côté, les
États-Unis sont bien mieux partagés par la
liberté, qu'ils ne l'étaient par l'état purement
colonial, tout le monde a donc gagné à la séparation : que signifient donc toutes ces terreurs dont on remplit le monde avec tant
de fracas sur les suites des sessions entre
les métroples et les colonies? C'est ainsi qu'un
jour l'Espagne et le Brésil reconnaîtront
qu'ils ont gagné à perdre, l'une l'Amérique,
et l'autre le Brésil. La perte de la souveraineté

n'est dommageable que lorsqu'elle est accom-
pagnée de celle du commerce ; mais quand
celui-ci reste, la souveraineté peut s'en aller,
sur-tout à l'égard d'un peuple qui cultive
les arts de l'industrie, et qui peut faire recevoir ses produits dans les lieux où l'on a
rejeté son autorité.... Ces principes sont certains; les faits, à force de se répéter, les
ont rendus presque vulgaires, et les esprits
sont préparés à recevoir sans colère et à voir
se réaliser sans étonnement les mêmes annonces qui, il y a quelques années, faisaient
crier à la témérité et presque au crime.

Le monde est plein de notions erronées
sur la rivalité commerciale des États-Unis
avec l'Angleterre : à cet égard, toute erreur
est désormais impossible d'après les tableaux
officiels annexés à l'*État de l'Angleterre
en* 1822, page 171. Ils constatent l'immense
supériorité de l'Angleterre, qui exporte :

En Europe. . . . . . . . 641,000,000
Et hors de l'Europe . . . 365,000,000
Tandis que l'Amérique exporte :
En Europe. . . . . . . . 100,000,000
Hors de l'Europe . . . . 150,000,000
La différence entre les deux commerces
est donc très-grande, et comme l'Angleterre

part d'un point beaucoup plus avancé, et qu'elle oppose progrès à progrès, il faudra à l'Amérique beaucoup de temps pour l'atteindre. La supériorité des États-Unis ne se fait encore sentir qu'aux Antilles : là ils dominent incontestablement, parce qu'ils produisent les denrées que ces îles ont intérêt à tirer d'eux directement ; mais dès qu'il s'agit d'objets d'industrie, l'Angleterre rentre dans sa supériorité, reconnue par le monde entier, devenu son tributaire pour ce genre de fourniture.

Tel est l'état commercial et colonial de l'Angleterre : c'est le plus somptueux édifice que le génie de l'homme ait jamais élevé ; il est devant nos yeux, l'architecte est un des plus petits peuples de l'univers : en voyant à-la-fois l'ouvrage et l'ouvrier, le succès et la récompense, il est bien naturel de rechercher le ressort qui a donné à ce peuple la force d'exécuter ces merveilles, il n'est pas difficile de le découvrir : il consiste dans la bonté des institutions et dans l'absence des préjugés ; quand l'institution primitive est vicieuse, rien ne coûte plus que de la redresser, mille intérêts sont toujours là pour la défendre ; remonter du mal au bien, surpasse presque toujours la force de ceux qui gouvernent : mais quand l'institution est fondée sur la raison et la vérité ; quand elle garantit aux intéressés le droit de regarder à tout ce qui se fait et le pouvoir de dire ce qu'ils ont vu ; quand l'institution a donné des sentinelles et des organes à tous les in— térêts publics ; quand le travail industrieux n'est pas recommandé aux dédains d'une oisiveté superbe et infructueuse ; quand il n'est pas nécessaire de planter son épée à côté de la borne de son champ pour ne pas déroger ; quand le fils du lord qui se pré— sente pour remplacer son père dans la cham— bre aristocratique de l'Angleterre , n'a pas à rougir de la fortune que le commerce a pu lui valoir : alors toutes les facultés d'un peu— ple se déploient librement dans toutes les carrières de l'utilité ; alors il étonne le monde par le spectacle d'une prospérité dont la cause et l'explication se trouvent dans la conformité des institutions avec la droite raison , et dans l'absence des préjugés et des obstacles qui ont fait le malheur de tant d'autres pays : telle a été la source de la prospérité et de la puissance de l'Angleterre.. Elle a fondé ses institutions sur la nature ,

elle s'est débarrassée des obstacles ennemis de
ses progrès, elle recueille les fruits de ses
lumières et de ses travaux... Voyons maintenant quels appuis elle a donnés à cette opulence et à son pouvoir.

# CHAPITRE VI.

## MARINE ANGLAISE.

Un Oriental dirait que l'on compterait plutôt les grains de sable sur les bords de l'Océan, et les étoiles du firmament, que l'on ne compterait la marine anglaise. Toute cette poésie peut être réduite à l'énoncé d'une grande vérité : c'est qu'il n'a jamais existé rien de pareil à la marine anglaise; jamais l'Océan n'a vu s'élever sur ses vastes plaines un pouvoir aussi étendu, il a quelque chose de l'immensité même du théâtre où s'exerce son empire.

L'Angleterre a entretenu pendant la guerre une flotte qui, en bâtimens de toute grandeur, comptait plus de mille navires.... Elle les faisait monter par 130,000 matelots ou soldats de marine : tel est le matériel de la marine anglaise; son développement est favorisé par les plus heureuses circonstances; elle est réunie dans des ports dont on ne peut

pas intercepter la communication entre eux,
de manière à ce que cette marine soit, pour
ainsi dire, toujours rassemblée, chose bien
essentielle et dont l'absence se fait ressentir
vivement à la France, dont la marine est à
moitié dans l'Océan et à moitié dans la Méditerranée, ainsi qu'à l'Espagne, dont la flotte
est séparée en trois départemens qui ne
peuvent se prêter aucun secours, le Férol,
Cadix et Carthagène ; la marine anglaise ne
peut être combattue que par une coalition ;
un seul assaillant serait écrasé par elle dans
un jour, comme il arriva à la flotte espagnole envoyée par le cardinal Albéroni
pour envahir la Sicile : ce serait un acte d'in-
sanité véritable de la part *d'un seul* de se
commettre avec la flotte anglaise...... La
guerre ne peut donc être soutenue que par
une coalition ; mais quels ne sont pas les dés-
avantages d'une coalition formée d'hommes
et d'intérêts différens, avec des langages divers, et devant, pour se réunir, partir de lieux
éloignés les uns des autres, ne pouvant pas
se rassembler du nord au midi, et du midi
au nord sans passer sous les canons de l'Angleterre, et sans s'exposer à se faire détruire en détail. Ce bonheur de position

entre les deux parties maritimes de l'Europe; l'unité d'hommes, de plans, d'intérêts, de langage, de méthode nautique et de tactique militaire ajoutent beaucoup à la force matérielle de la marine anglaise. L'habileté de ses marins, formés par l'exercice continuel d'une navigation qui embrasse le monde; l'art de ses constructeurs perfectionné par une application journalière; la facilité de ses approvisionnemens, qu'elle peut tirer de ses propres possessions et de toutes les parties du globe sous la protection de sa marine; tout contribue à donner à la marine anglaise, sur toute celle de l'Europe réunie ou séparée, une supériorité qu'on ne peut ni lui arracher, ni lui contester. Désormais il n'y a plus que des batailles de la Hogue ou de Trafalgar pour qui voudra la combattre; désormais tout vaisseau construit contre elle finira par l'avoir été pour elle et partira du Texel, de Brest ou de Cadix pour aller prendre place à Portsmouth à côté des vaisseaux construits par des mains anglaises. Il faut savoir reconnaître cette vérité, quelque dure qu'elle puisse être, car son adoption peut préserver des désastres inévitables attachés à sa méconnaissance: les douleurs de l'orgueil, les éruptions de la témérité ne doivent jamais entrer dans la direction des affaires humaines.

La richesse militaire navale de l'Angleterre est telle que des pertes qui seraient fort sensibles pour d'autres marines, sont à peine perceptibles pour celle de l'Angleterre : ainsi, qu'elle perde quelques vaisseaux de plus ou de moins, en quoi sa puissance en serait-elle affectée avec les immenses moyens qu'elle posède? Ce serait à l'honneur du pavillon qu'elle serait sensible, plutôt qu'à la perte matérielle de navires dont les suppléans sont toujours prêts dans ses ports. Quand les choses sont arrivées à un certain point, on cesse de compter, et l'Angleterre en est là relativement à sa marine; je le répète, quelques vaisseaux de plus ou de moins ne lui importent en rien : son trésor et ses chantiers sont toujours là *pour réparer* les pertes qu'elle pourrai. éprouver, *et il est fort probable* que ce serait aux dépens de ses ennemis qu'elle les réparerait.

# CHAPITRE VII.

## ORDRE MÉTHODIQUE DES ÉTABLISSEMENS MARITIMES ET COLONIAUX DE L'ANGLETERRE.

Voici un sujet digne d'une grande attention, je voudrais le présenter de manière à fixer celle des lecteurs.... Il s'agit de montrer comment l'Angleterre a formé sur tous les contours du globe une chaîne de postes insulaires ou militaires, qui servent à-la-fois d'arsenaux et de relâches à ses flottes et, de plus, de moyens d'observation contre les îles militaires et les relâches des flottes des autres peuples. Une vaste combinaison a donné ces points d'appui à la puissance anglaise, résultat aussi redoutable que savant, et qui a exigé de la part de son auteur l'accord des lumières avec la persévérance. Je prie de suivre attentivement la revue de cette série d'établissemens qui se prolongent d'un bout du monde à l'autre. Commençons par l'Amé-

rique. La partie de cette contrée la plus re-
culée vers le nord appartient à l'Angleterre;
c'est un espace immense et dont elle tire
déjà de grands avantages, car elle occupe
le quart de la navigation totale de la Grande-
Bretagne. Hallifax est dans cette partie le
port militaire des flottes anglaises. De ce
point, elles protègent les possessions bri-
tanniques, sur-tout Terre-Neuve, qui est au
nombre des propriétés les plus précieuses de
l'Angleterre; elle peut en écarter tous ses
ennemis, qui n'ont ni port ni arsenaux dans
ces parages éloignés, apanage exclusif de
l'Angleterre; de ce point d'Hallifax, les flottes
anglaises peuvent se porter sur les côtes des
États-Unis, comme elles l'ont fait dans la dernière guerre : cette station est d'une grande
importance pour l'Angleterre. Viennent ensuite les îles Bahama, sur la route des Antilles à l'Amérique du nord, et sur celle des
deux Amériques l'une vers l'autre.... Le temps
fera que ce passage sera l'un des plus fré-
quentés de l'univers, lorsqu'il aura donné aux
deux Amériques les développemens que leur
promettent la nature et la liberté. L'Angleterre n'a pas oublié de fortifier un de ces
points insulaires et de s'y donner les moyens

de maîtriser cet important partage. Elle a élevé un Gibraltar à New-Providence.

Une grande partie des îles Antilles appartient à l'Angleterre. La dernière guerre lui a livré l'île espagnole de la Trinité et l'île française de Sainte-Lucie : la première lui est précieuse comme point commercial avec le continent ci-devant espagnol ; la seconde établit un poste d'observation contre la Martinique, qui est l'île militaire de la France. La possession de Sainte-Lucie par l'Angleterre annulle complétement la Martinique comme port de guerre, rend l'attaque de cette île très-facile pour l'Angleterre, et sa défense impossible par la France. Aussi ne conçoit-on pas comment la France s'obstine à conserver à grands frais des fortifications à la Martinique, lorsqu'elle n'a plus le grand intérêt de la défense de Saint-Domingue, et qu'elle manque de tous les moyens d'attaque contre les îles anglaises. Elle est inférieure en marine à l'Angleterre ; elle n'a plus l'appui de la marine espagnole dans les Antilles, puisque l'Espagne ne possède plus rien sur le continent américain, et que sa colonie de Cuba ne peut plus être considérée comme devant lui rester. L'Angleterre possède dans cet archipel américain tous les moyens de défense et d'attaque ; elle a son arsenal à Antigoa, et des ports à la Barbade et à la Jamaïque, de manière à pouvoir se porter à volonté dans toutes les directions que lui indiquerait le besoin d'attaquer ou de se défendre. Le golfe du Mexique n'est pas exempt de la présence de la puissance anglaise ; car l'Angleterre y possède une étendue de territoire fort vaste sur la côte de Jucatan, d'où elle a la facilité d'exploiter les bois de Campêche, si précieux pour ses manufactures.

Mais la plus précieuse acquisition que l'Angleterre ait faite dans ces mêmes parages, est celle de l'île de la Trinité : sa situation très-rapprochée du continent espagnol lui ouvre avec cette riche contrée les plus larges comme les plus fructueux débouchés de commerce ; l'île a de bons ports, elle est très-fertile ; inféconde sous des mains espagnoles, elle obtiendra par des mains anglaises la prospérité dont l'inertie et l'incurie des anciens maîtres l'avaient privée : les Anglais l'eurent à peine possédée pendant dix ans, que sa face fut entièrement changée, avantage assuré à tout passage de la domination

d'hommes sans activité et sans goût des jouissances, à celle d'hommes aiguillonnés dans
leur travail par l'amour des jouissances et
par le besoin de larges consommations. La
révolution de l'Amérique fera la fortune de
l'île de la Trinité, en tenant ouverts tous les
ports que la domination espagnole tenait
fermés, en faisant passer ces vastes et riches
contrées de l'état de mort et de misère dans
lequel la domination espagnole les mainte-
tait par système, à un état de vie, de population et d'existence produit par un système
absolument contraire. Il est permis d'au-
gurer d'après la considération des effets
ordinaires du voisinage entre les états,
qu'une possession européenne de cette importance sur la côte de l'Amérique, dans le
contact qui en est la suite nécessaire, deviendra une pomme de discorde entre l'Angleterre et l'Amérique, et que celle-ci tendra
à la faire rentrer dans l'ensemble du système
américain et à la rattacher au corps de l'A-
mérique.

L'Angleterre n'a pas dédaigné le partage
de la Guiane hollandaise avec ses anciens
possesseurs, et elle s'est fait attribuer par le
congrès de Vienne la moitié de la colonie,

connue génériquement sous le nom de colonie de Surinam. Plusieurs fois l'Angleterre a tenté de s'établir sur les côtes de l'Amérique méridionale, soit aux îles Falkland ou Malouines, dans le grand Océan, soit à l'île de Juan Fernandez dans la mer Pacifique; par l'occupation de ces deux points, elle embrassait la totalité de l'Amérique du Sud: ce plan faisait partie du système qu'elle a si habilement conçu et qu'elle a si savamment exécuté. L'Espagne opposa la plus ferme résistance à ce projet; elle trouva de l'appui dans la France, et en 1770 on vit courir aux armes pour et contre cette prétention, qu'une heureuse conciliation parvint à écarter: l'Espagne fut moins heureuse pour éloigner l'Angleterre du voisinage de ses possessions mexicaines; car les Anglais s'y sont établis dans une position intermédiaire entre le Nouveau-Mexique et l'Amérique. En 1790, la guerre fut à la veille d'éclater entre les deux puissances pour l'affaire du *Noutka-Lond*, sur laquelle la France, alors tout occupée de sa révolution, obtint de l'Espagne de se relâcher. On voit, par cet exposé, que l'Angleterre n'a rien négligé de ce qui pouvait lui donner les moyens de former sur les côtes de l'Amérique les établissemens les plus avantageux sous le double rapport de la puissance et du commerce, et que, fidèle au système que lui a dicté sa nature de puissance maritime, elle a cimenté cet établissement par l'occupation de points dont la garde peut être confiée suffisamment à sa marine. Nous allons trouver le même système poursuivi avec la même rectitude de plan et le même bonheur d'exécution dans toutes les autres parties du globe.

Entre l'Amérique et l'Afrique, et sur la route de l'Europe vers le Brésil et Buenos-Ayres et la pointe de l'Amérique, s'élevait un volcan élancé des gouffres de l'Océan, semblable à un château fort placé sur les flots : c'est Sainte-Hélène, le témoin de la plus grande infortune qu'ait encore éprouvée aucun mortel; l'Angleterre s'est saisie de ce poste inabordable pour quiconque n'en est pas le maître : c'est la relâche de ses navires de l'Inde et de ceux qui vont au Brésil et qui en viennent, ou qui se proposent les mers du Sud pour objets de leur cours. Ce point a été choisi merveilleusement comme échelle entre l'Amérique et l'Afrique, entre l'Europe et l'Asie.

5

La pointe de l'Afrique, dans toute l'étendue où la possédait la Hollande et dans celle où l'imagination peut la concevoir, quand il s'agit d'espaces immenses encore inhabités, est devenue l'apanage de l'Angleterre depuis la dernière guerre : cette position convenait merveilleusement au maître de l'Inde. Quand la Hollande avait beaucoup de pouvoir et de commerce dans cette contrée, la possesion du cap de Bonne-Espérance lui allait comme l'appendice naturel de ce pouvoir dans les contrées orientales. Les Portugais l'avaient possédé à ce titre : ainsi le cap paraît être le domaine naturel du peuple européen qui domine dans l'Inde : l'histoire montre le cap passant successivement entre les mains du peuple supérieur dans les mers indiennes ; l'empire anglais dans l'Inde surpassant à une distance infinie toutes les autres possessions européennes aux mêmes lieux, la propriété du cap a dû revenir à l'Angleterre par la même force de choses qui l'avait fait passer successivement des Portugais aux Hollandais, à mesure que la puissance des uns l'avait emporté sur celle des autres : c'est de Madras, de Bombay, de Calcuta que les Anglais ont conquis le cap de Bonne-Espérance; mais ils ne se sont pas bornés là, leurs vœux se sont aussi portés sur l'Ile-de-France : elle est située sur la grande route de l'Inde. Comme point militaire, elle est fort importante; le mal qu'elle a fait à l'Angleterre dans le long cours de la dernière guerre, l'a avertie de la nécessité de ne pas laisser au pouvoir de la seule puissance qui puisse la contrebalancer, une position d'où elle pourrait troubler sa navigation vers les contrées orientales: les domages que l'Ile-de-France avait fait supporter à l'Angleterre, avaient été ressentis par elle assez vivement pour qu'elle ne se soit pas refusée à une expédition aussi gigantesque que celle du transport d'une armée de 23,000 hommes, partis de l'Inde pour faire cette conquête ; elle a été assurée à l'Angleterre par les traités de 1814. L'occupation de l'Ile-de-France par l'Angleterre enlève toute importance politique à l'Ile-de-Bourbon; elle doit interdire à la France de songer à des établissemens à portée de l'Ile-de-France et du cap de Bonne-Espérance, comme, par exemple, à Madagascar; car, situés entre deux possessions anglaises, ils ne tarderaient pas à en augmenter le nombre.

5..

Les deux côtes de Malabar et de Coromandel appartiennent à l'Angleterre : pour s'en mieux assurer la possession, elle s'est fait céder Cochin par le Portugal et Ceylan par la Hollande. Cette dernière île, renfermant un port de l'importance de Trinquemale, forme la liaison entre les deux côtes de la presqu'île de l'Inde, et donne à ses flottes la faculté de se porter sur l'une ou sur l'autre, d'après les besoins ou les plans de leur possesseur.

Plus loin, dans les mers reculées qui conduisent de l'Asie en Amérique, l'Angleterre s'est approprié exclusivement le vaste continent de la Nouvelle-Hollande ; elle a choisi, de plus, d'autres stations dans les vastes archipels de la mer du Sud ; elle y a placé des pierres d'attente pour les grands changemens que le cours des âges, secondé par la nouvelle liberté et la nouvelle civilisation, ne peut manquer d'opérer dans les contrées qu'on peut appeler encore vierges de tout établissement humain.

Si nous reportons nos regards sur l'Europe, qu'apercevrons-nous? Toutes les mers comme jalonnées par les stations anglaises. A Gibraltar, elle tient les clefs de la Médi-

terranée ; à Malte, elle coupe en deux cette
mer, et pèse à-la-fois sur l'Italie, l'Afrique
et le Levant ; à Corfou, elle ouvre ou ferme
l'Adriatique, commande en même temps à la
côte orientale de l'Italie, à la côte occiden-
tale de la Grèce, et bloque à volonté les trois
seuls ports que possède l'Autriche, Venise,
Trieste et Fiume. L'occupation de Malte et de
Corfou furent deux coups de maître frappés
par l'Angleterre et que tous les intérêts de
l'Europe défendaient de sanctionner : par là,
la Méditerranée est devenue une mer fermée. En remontant vers l'Europe septentrio-
nale, nous y retrouverons l'Angleterre établie sur les mêmes principes. A Jersey, elle
observe, inquiète les côtes de France et in-
tercepte la navigation ; elle y a un observatoire sur Cherbourg ; elle s'est fait céder l'île
de Ferroë par le Danemarck : de ce point elle
peut intercepter tout navire qui tenterait de
s'échapper par le Nord, en évitant le dangereux passage de la Manche. A Héligoland,
elle observe les embouchures de l'Elbe et du
Veser, principaux débouchés de l'Allemagne,
et surveille le Nord, dont les flottes, après
avoir franchi le Sund, ne pourraient se soustraire à la station d'Héligoland. Le choix de

cette station est un trait de rare habileté; elle est destinée principalement contre la Suède, le Danemarck et la Russie, que l'Angleterre a plusieurs fois trouvés prêts à se réunir contre elle. De ce poste elle peut braver leur coalition. Telle est cette chaîne de postes que l'Angleterre s'est faite autour du monde : fut-il jamais rien de mieux calculé, de mieux lié ensemble, de plus favorable au propriétaire, de plus fâcheux pour les adversaires? L'Angleterre a fait du monde ce qu'un habile architecte fait d'un bâtiment, dans lequel il ménage les communications avec l'art nécessaire pour que chaque partie facilite un passage sûr et commode vers les autres.

Observons 1°. que ce superbe plan a pris son complément dans la dernière guerre; que pour l'accomplir l'Angleterre n'a pas plus ménagé les amis que les ennemis; que si elle a pris la Trinité à l'Espagne, Sainte-Lucie et l'Ile-de-France à la France, elle ne s'est pas refusée à dépouiller ses alliés et ses amis de tous les temps, les Hollandais et les Portugais, les uns de la moitié de Surinam, du cap de Bonne-Espérance et de Ceylan, les autres de Cochin. Les plus maltraités de tous

tous ont été les Hollandais, et l'Angleterre leur avait vendu d'avance fort chèrement la Belgique et sa protection à venir pour le maintien de leur nouvelle existence politique.

2°. Que l'Angleterre possède, hors de l'Europe, quatre vastes empires : le Canada, la colonie du Cap, l'Inde et la Nouvelle-Hollande.

3°. Que la France a possédé dans l'Amérique et dans l'Inde plus que ne possède actuellement l'Angleterre, car la vaste contrée de la Louisiane lui appartenait.

4°. Que le choix de l'Angleterre dans ces possessions a été le résultat de deux considérations : 1°. qu'étant peu forte en troupes réglées, il lui fallait des possessions dont la garde n'en exigeât qu'un petit nombre ; 2°. qu'étant puissance maritime supérieure, elle ne devait s'attacher qu'à ces possessions qui prêtent à une défense maritime, et qui par conséquent sont insulaires et peu étendues, autant que cela serait possible. Ce plan a exigé une sagacité judicieuse dans la conception et une rare persévérance dans l'exécution ; mais qui a pu donner à l'Angleterre ces dons précieux et le bonheur si rare de les appli-

quer avec le plus entier succès? *Ses institutions....* une nation formée en conseil permanent, dans laquelle la plus libre manifestation de l'opinion ne permet pas de détourner long-temps les intérêts publics de leur
direction nécessaire. Je le demande avec douleur, comme Français, si lorsque la France
était en Amérique et en Asie à la place où
l'on voit l'Angleterre, elle avait joui d'institutions aussi favorables à ses intérêts publics,
verrait-on aujourd'hui l'Angleterre à la place
de la France? Non sans doute: rien ne lui
manquait pour conserver et consolider ce
qu'elle avait acquis; des marins habiles, des
troupes braves et nombreuses: il n'y avait
d'absent que ce qui donne la vie à tout, des
institutions. Avec elles, plus de distractions,
de sommeil, de fantaisies: la sentinelle, l'o-
pinion publique, est toujours là; il faut sans
cesse pouvoir lui répondre et la satisfaire.
Mais quand tout se passe dans l'enceinte des
cabinets entre quelques hommes, dans l'absence et le silence des intéressés, il n'y a
plus de plan, plus de suite; tout prend une
teinte passagère et personnelle; l'autorité
répond à tout et de tout, couvre tout, et un
état passe, sans moyens de préservation, du

plus haut degré au plus bas, en laissant à ses ennemis tous les avantages qu'il pouvait conserver en propre. Si la révolution ne fût pas arrivée si tard, la France régnerait encore en Asie et en Amérique à la place de l'Angleterre, parce qu'avec des institutions semblables elle aurait eu tout ce qui a valu à l'Angleterre l'empire qu'elle a perdu : aujourd'hui cette perte n'aurait pas lieu ; la force des intérêts publics donnerait au gouvernement la direction préservatrice de ce grand dommage. Que ceux qui trouvent tant de plaisir à adresser à la révolution des reproches qui ne peuvent pas tomber sur son essence même, mais seulement sur quelques-uns de ses actes, apprennent par là ce que son retard a coûté à la France, et à modérer l'ardeur de leurs incriminations.

Montesquieu a dit qu'il existait dans les institutions de chaque peuple des vices et des vertus cachées qui décidaient de leurs destinées... La France, supérieure à l'Angleterre sur beaucoup de points, ne lui serait pas restée inférieure en puissance si elle n'eût pas été inégale avec elle en institutions : *le sort a voulu*, et ce rappel ne renferme aucune intention critique, mais seu-

lement un rapprochement historique fort singulier, que Chatam gouvernât l'Angleterre
pendant que Madame de Pompadour gou-
vernait ceux qui gouvernaient alors la France.
Il était évident que l'Angleterre devait gagner l'Inde et l'Amérique, et la France les
perdre.

Pour connaître le résultat d'une lutte, il
ne faut que comparer les combattans : quand
Eugène et Marlborough se trouvaient en présence avec Villeroi, on savait d'avance que
la France serait battue.

# CHAPITRE VIII.

## ARMÉE ANGLAISE.

Le but de cet article est d'assigner quelle quantité de troupes l'Angleterre peut employer sur le Continent : comme l'objet de cet écrit est d'indiquer l'action possible de l'Angleterre sur le Continent, il faut rechercher avec quelle somme de forces elle peut agir sur lui.

La population qui contribue à la formation de l'armée anglaise, étant celle des trois royaumes, s'élève à 18,000,000 d'hommes.

L'Angleterre employant plus de cent mille matelots sur ses flottes de guerre, cette circonstance, qui lui est particulière, diminue le nombre des hommes propres à former l'armée de terre.

Les grandes armées continentales de la Russie, de la Prusse et de l'Autriche avaient éclipsé l'armée anglaise : on se doutait à

peine sur le Continent qu'il y eût une armée
anglaise. Elle habitait davantage les contrées
coloniales et séparées de l'Europe, que l'Angleterre même. Dans les derniers temps de
la dernière guerre, elle a reparu avec éclat
sur le Continent. Les menaces de descente
faites à plusieurs reprises, et sur-tout par Napoléon, avaient fait courir aux armes une
partie de l'Angleterre. Outre ses troupes réglées, elle compte plusieurs espèces de corps
armés, régulièrement organisés, tels que les
milices, les fencibles de terre et de mer, les
joymenri : l'état émané du bureau de l'aide-
de-camp général du généralissime de l'armée anglaise, le duc d'York, portait en 1815
le nombre total de ces troupes à trois cent
mille hommes. On voit dans l'*État de l'Angleterre en* 1821, page 28, que la réduction
du militaire de terre et de mer depuis 1815,
s'est élevée à trois cent mille hommes; qu'en
1819 l'armée avait été fixée à quatre-vingt-dix-
neuf mille hommes, et en 1821 à quatre-vingt-
un mille. La plus grande partie de cette force
est employée dans l'Inde et en Irlande, ainsi
que dans les innombrables colonies et postes insulaires qu'occupe l'Angleterre : après
les avoir garnis, même bien insuffisamment,

ce qui reste disponible en Angleterre ne peut
pas être considérable.

Reste donc, dans la question qui nous occupe, à rechercher quelle force l'Angleterre
pourrait porter sur le Continent. Pour résoudre cette question, il faut, avant tout,
tenir compte de deux choses :

1°. Les frais d'entretien d'une armée en
dehors de l'Angleterre ;

2°. Les moyens d'enrôlement.

Quant aux premiers, ils doivent être immenses : l'armée, composée d'hommes accoutumés les uns à une grande aisance, les autres à une subsistance large et certaine, tous
à des soins et à des jouissances inconnues
au militaire continental, doivent entraîner
de très-fortes dépenses et une grande exportation de numéraire. Quant aux seconds, une
circonstance particulière à l'Angleterre rend
très-variable la facilité des enrôlemens en
Angleterre. En voici la raison : les deux tiers
de la population anglaise sont exhérédés de la
propriété ; ils attendent leur subsistance de
chaque jour du salaire du travail de chaque
journée. Quand le travail abonde, l'enrôlement est rare et cher, comme l'est toute
denrée ou marchandise rare ; quand le tra-

vail est rare, à son tour l'enrôlement devient commun et à bon marché. Ces deux causes réagissent l'une sur l'autre : ainsi, faire manquer le travail en Angleterre, ou lui donner des soldats, est une seule et même chose : l'homme va chercher sous les drapeaux ce qu'il ne trouve plus dans les ateliers. C'est ainsi que Napoléon a retrouvé dans les plaines de la Castille et dans les champs de Waterloo les hommes que ses décrets avaient fait sortir d'ateliers qui cessaient de pourvoir à leur subsistance.

Maintenant il faut rechercher d'après ces deux données le nombre de troupes que l'Angleterre pourrait employer sur le Continent : il semble que c'est le porter au *maximum* que de l'évaluer à cinquante mille hommes de toutes armes. C'est à cette conclusion que nous voulions arriver, pour avoir un point de départ fixe, pour fixer l'action possible de l'Angleterre sur le Continent, soit comme attaque, soit comme défense.

# CHAPITRE IV.

## RÉVOLUTION DANS LE SYSTÈME COMMERCIAL DE L'ANGLETERRE.

CE pays offre , dans ce moment, un grand exemple de la force combinée de la civilisation et de celle de la raison. L'Angleterre est le pays de l'Europe qui a porté le plus loin la jalousie commerciale, et qui s'est le plus prévalu des restrictions, des exclusions, et des traités de commerce exclusifs : l'acte réputé pendant deux siècles comme le créateur et le palladium de la puissance maritime de l'Angleterre, était un code d'exclusions contre les étrangers, un véritable *alienn-bill*, et Cromwell, son auteur, a tyrannisé les mers autant que sa patrie : c'est le grand patron de tous les douaniers du monde. Mais ce qui peut aider aux premiers essais du commerce, ce qui a pu le faire fleurir dans une sphère bornée, cesse de lui convenir, et peut même le contrarier , sous l'empire d'un

nouvel ordre de choses. C'est ce qui est arrivé à l'égard de l'Angleterre : elle a tenu
pendant un long cours de temps à son acte
de navigation, dont elle croyait avoir beaucoup reçu ; on aurait dit qu'elle payait un
culte à la reconnaissance autant qu'à l'intérêt. Mais pendant ce temps le monde mar-
chait de toutes parts ; le commerce devenait
l'étude et l'occupation de tous les peuples :
de nouvelles routes, de nouvelles carrières
s'étaient offertes ; les yeux de l'Angleterre
s'ouvraient à mesure que le monde s'ou-
vrait lui-même, et sans perdre de temps
à défendre des idées que ce même temps
avait reléguées parmi les préjugés, elle a
comme *dépouillé le vieil homme commercial,*
pour revêtir une existence nouvelle dans une
carrière éclairée par des lumières nouvelles.
Ainsi l'Angleterre est passée systématique-
ment du *maximum* des restrictions au *maximum* de la liberté. Ce qu'elle n'a pas encore
effectué tient aux résistances des intérêts privés et au respect des droits préexistans. . . .
Ainsi elle a été forcée de ménager les préjugés d'une partie de ses commerçans, qui,
moins avancés en civilisation que l'est le
gouvernement, tiennent encore à l'ancienne

méthode restrictive , et qui tremblent encore
au nom de la liberté : elle a été restreinte,
dans l'application de son système au commerce de l'Inde, par les droits et les priviléges
de la compagnie, à laquelle un bill a aliéné
le commerce de cette contrée. Comme l'Angleterre est la terre classiquement *pratique
du droit*, elle n'a pas imposé son système à
ses propres sujets ; mais traitant avec eux de
puissance à puissance, elle a fait consentir
la compagnie aux modifications de son privilége, les plus étendues qu'elle a pu obtenir.
Comme ce sujet est entièrement neuf, comme
il peut prêter à des soupçons de prévention
ou d'exagération de ma part, je vais exposer les doctrines et les faits contenus dans
les ouvrages cités plus haut. L'Angleterre
a posé en principe qu'elle était prête à ad-
mettre l'entière liberté du commerce sous
la seule condition de la réciprocité, en s'imposant par là le sacrifice d'un revenu provenant de ses douanes, de la valeur de
240,000,000 fr.

Page 159. « Les ministres de Sa Majesté
» ont toujours eu une grande attention et
» une grande sollicitude pour le commerce
» de l'Inde. Ils n'ont pas besoin d'apprendre

6

» qu'elle est infiniment moins productive
» pour le commerce et pour la richesse na-
» tionale, sous la forme actuelle d'un mo-
» nopole commercial, qu'elle pourrait l'être
» en étant associée au corps même de l'em-
» pire, c'est-à-dire en prenant part à ses ca-
» pitaux, à son commerce, à ses manufac-
» tures et à sa consommation. »

Page 166, en traitant de la culture du sucre, auquel il applique une dénomination nouvelle, *le blé des tropiques*, le ministère dit : « Il est impossible de ne pas ap-
» pliquer à ce produit les principes d'un
» commerce libre et d'une culture indépen-
» dante. »

Page 168. « A la fin de la dernière guerre
» d'Amérique, notre gouvernement, dans
» l'intérêt des principes de la liberté du
» commerce, permit aux Américains des re-
» lations directes avec les Indes orientales:
» de là vint cet heureux esprit d'activité et
» de trafic dont l'Angleterre tire aujourd'hui
» annuellement, pour ses manufactures, un
» bénéfice toujours croissant. Les progrès
» de la culture dans l'Inde augmentent, dans
» une proportion considérable, la demande
» dans les marchés anglais. *Tandis que*

» *l'Inde est restée une simple factorerie, sa*
» *consommation a été celle d'une factorerie ;*
» elle commence à être considérable, parce
» qu'on l'approvisionne à bon marché, et
» que l'on encourage fortement le développe-
» pement de ses moyens de production. »
Page 191. « C'est seulement en donnant
» de l'étendue aux achats qu'une nation
» peut en donner à ses ventes. Se montrer
» jaloux des importations et soigneux seu-
» lement sur les exportations, c'est désirer
» un marché très-étendu, et en même temps
» porter envie et obstacle aux moyens de
» l'établir. »

Les faits sont venus à l'appui de cette
doctrine.

1°. Le commerce entre l'Amérique méridionale et l'Angleterre ne pouvait avoir lieu
que d'après le système général de l'acte de
navigation; il en était de même pour le Portugal et les États-Unis. L'Angleterre s'est, par
ses derniers réglemens, beaucoup écartée de
la lettre et de la politique de l'acte de navigation.

2°. L'Angleterre avait débuté par établir aux
Bermudes un port franc, dans lequel les États-
Unis pouvaient trouver à portée d'eux les

denrées des îles anglaises. Depuis, elle a été plus loin : car elle leur a accordé la faculté du commerce direct avec ses possessions ; elle a de même ouvert le commerce direct de l'Inde aux États-Unis, de manière à ce que, pour me servir des propres expressions de l'ouvrage anglais, les Américains peuvent entrer aussi librement à Bombay, à Calcutta, à Madras, qu'à Londres, à Glascow et à Liverpool.... Cette révolution est immense ; elle renferme l'initiative de la grande révolution commerciale qui fera tomber toutes les barrières élevées par l'ignorance et par la faiblesse du commerce à l'époque qui les vit naître, et qui mettra toutes les parties du globe en état de lutter ensemble avec toutes leurs facultés. On devra cet admirable résultat à la grande révolution de l'Amérique, qui renferme dans son sein les germes du renouvellement du monde. L'Angleterre aura eu l'honneur des premiers pas dans cette carrière aussi brillante que neuve : comme elle compte plus d'intérêts commerciaux que toutes les autres nations; comme elle est plus avancée en civilisation, c'est-à-dire en institutions sociales, en moyens légaux de faire prévaloir les intérêts publics, de les rappeler sans cesse au gouvernement, d'obtenir le redressement de ce qui les blesse, elle a dû, la première, reconnaître la nouvelle position du monde et se conformer à ce qu'elle exige. Dans un pareil pays, dès que la raison publique a parlé, le pouvoir consent ou cède, les préjugés se soumettent ou se taisent; on ne tient pas à une chose, parce qu'elle existe, mais on recherche la cause de son existence, et quand elle a perdu sa nécessité, on adopte celle qui, à son tour, fait ressentir la sienne. Ainsi, dans ce moment, on voit l'Angleterre effeuiller jour à jour son acte de navigation, qu'une raison alors supérieure lui avait donné et qu'une raison supérieure dans cette époque lui conseille d'abandonner. Tel est le privilége de la raison : *faire ce qui convient à chaque époque* ; et quand cet à-propos s'applique à de grands intérêts, alors à bon droit il s'appelle du génie, et dans ce moment l'Angleterre donne une grande preuve que son bon génie ne l'a pas abandonnée.

Nota. L'Angleterre a aboli le monopole de la compagnie de la mer du Sud, ainsi que le système des primes.

# CHAPITRE X.

### DES SIX ANGLETERRES.

UNE idée se présente à mon esprit et le frappe d'étonnement et d'anxiété, tant est grand l'avenir qu'il ouvre devant lui...: essayons de la rendre.

On ne voit, on ne compte qu'une seule Angleterre; mais il en existe réellement six, dont cinq l'emportent infiniment en étendue sur leur mère, en fertilité de territoire, en bonheur de climat. Il ne s'agit pas ici seulement des *Angleterres coloniales* soumises à l'Angleterre d'Europe, mais encore de l'Angleterre *sociale*, qui ne tient plus à la puissance anglaise, mais qui appartient à sa civilisation tout entière, à ses lois, à ses mœurs, à ses goûts, à son sang, à son langage. Tels sont les États-Unis : ils ne sont plus sujets anglais, mais ils sont anglais d'origine, de lois, de langage et de mœurs; ils forment la seconde Angleterre : le Canada et tout le nord de l'Amérique forment la troisième ; la quatrième se trouve dans la grande colonie du cap de Bonne-Espérance ; la cinquième est dans l'Inde, et la sixième dans la Nouvelle-Hollande. On pourrait y ajouter les possessions anglaises de l'archipel américain. Ce n'est point sous les rapports de la puissance ou de la richesse qu'il faut considérer cette multiplicité d'*Angleterres* : ce serait borner étrangement une question aussi vaste que de l'enfermer dans les limites matérielles de pareils intérêts ; il faut de plus apprécier l'effet qu'elle aura sur la civilisation du monde.

Le gouvernement anglais a beaucoup contribué à la révolution française, c'est-à-dire à celle de l'Europe, par le modèle qu'il a présenté, et par l'enseignement qu'il a donné. Il a révélé à l'Europe les principes de l'existence sociale, qui étaient ignorés sur le Continent ; il a appuyé son enseignement par l'exemple de son bonheur : comment le Continent aurait-il résisté à une instruction aussi séduisante et qui montrait un rapprochement si frappant entre les principes et leurs effets ? L'Angleterre a formé les États-Unis, qui lui sont devenus supérieurs à beau-

coup d'égards. Ils sont entrés dans la famille
des nations depuis moins d'un demi-siècle,
et déjà ils exercent une influence très-sensible au milieu d'elles ; les États-Unis ont
été pour l'Amérique espagnole ce que l'Angleterre avait été pour l'Europe : l'enseignement est parti de Philadelphie et de Bos-
ton, comme il était parti de Londres.....
Cet effet est inévitable dans l'état actuel de
la civilisation, qui donne à tous les peuples
une vie commune. Le Canada et les autres
possessions anglaises de l'Amérique sont organisés sur le modèle anglais ; sa population
deviendra anglaise ; les mœurs, le langage
de l'Angleterre y prévaudront ; sa législation politique et civile y est établie, il en est
de même aux Antilles ; le cap de Bonne-
Espérance est colonisé à l'anglaise, avec le
temps il retracera l'Angleterre elle-même ; les
lois anglaises, les grands établissemens, tels
que les banques, ont été transplantés dans
l'Inde ; la propriété y a été créée d'après les
codes de l'Angleterre : cette vaste et popu-
leuse contrée recevra de l'Angleterre tout ce
que son étendue et sa population permettront
d'y faire pénétrer. Dans la Nouvelle-Hollande,
la transplantation anglaise ne rencontrera

aucun obstacle, car le pays est entièrement
vacant : c'est ainsi que se formèrent les
premiers établissemens de la Virginie et de
la Pensylvanie : des terres neuves, dépourvues d'habitans, reçurent l'empreinte qu'on
voulut leur donner. La population que leur
céda l'Angleterre ne valait guère mieux que
celle qu'elle impose à la Nouvelle-Hollande :
alors on déportait en Amérique comme on
le fait aujourd'hui à Botany-Bay ; et voilà
qu'au bout de deux siècles, ces mêmes lieux
donnent des modèles de législation à l'Amérique et des rivaux à l'Angleterre : par conséquent, avec l'aide du temps, le monde
comptera au moins six Angleterres, homo-
gènes de sang, de lois, de mœurs et de langage..... Maintenant le problème à résoudre
est celui-ci : Quelle sera sur l'univers l'influence de ces six grands corps agissant peut-
être dans une direction politique différente
et même opposée, mais coexistant socialement dans tous les rapports de la vie civile ?
Ainsi les intérêts de l'Angleterre et ceux des
États-Unis sont souvent fort opposés ; mais
les deux peuples ne cessent point pour cela
d'être anglais de sang, de lois, de langage et
de mœurs. L'Espagne et le Portugal sont au-

jourd'hui fort divisés avec les Portugais et les Espagnols de l'Amérique, et cependant ces derniers ne diffèrent en rien, dans l'ordre humain et social, des Portugais et des Espagnols d'Europe.

L'activité du génie anglais, l'excellence des modèles que les intitutions anglaises ne peuvent manquer de présenter, propageront indubitablement les institutions et les mœurs anglaises. Les Espagnols, maîtres de l'Amérique et des Philippines, n'ont pas propagé leur existence sociale, parce qu'ils sont un peuple stationnaire : les Espagnols ont fait comme les Turcs, ils ont marché sans relâche jusqu'à un point qu'on dirait avoir été pris par eux pour le terme de leur course ; arrivés au but, ils se sont arrêtés : les Portugais ont fait de même : c'est assez l'habitude des peuples méridionaux, impétueux pour un temps, stationnaires pour les siècles. Les institutions espagnoles et portugaises ne présentaient rien de séduisant, et n'étaient guère meilleures à offrir qu'à recevoir ; mais il n'en est pas de même de celles de l'Angleterre, qui flattent le plus les penchans raisonnables de l'homme, et qui par là sont les plus propres pour se faire désirer et accepter. Il

est donc évident que l'Angleterre, par la multiplication de sa famille , par la manière dont
elle se trouve distribuée sur toutes les parties du globe , par la perfection séduisante
de ses institutions, est destinée à donner pa-
cifiquement à l'univers une face nouvelle.
Voilà les bienfaisantes conquêtes que fait la
civilisation ! Qu'on se figure maintenant ce
qui attend les générations à venir, lorsque
la plus grande partie du monde sera gouvernée et régie d'après les modèles de l'Angleterre et des États-Unis, accrus et per-
fectionnés par tous les progrès dont l'esprit
humain grossit chaque jour sa propre richesse..... L'époque de la réalisation de ce
grand résultat ne peut être assignée d'une
manière précise, mais il est immanquable; et
avec la rapidité redoublée dont vole le temps,
peut-être se fera-t-il moins attendre qu'on
ne le pense, quand on n'y a pas mûrement
réfléchi. La routine pourra murmurer de ce
que je viens de dire, cela n'a rien de nouveau pour moi; mais j'ose penser que la raison se sentira avertie, et au moins ne me
refusera pas du temps pour me condamner.

# CHAPITRE XI.

### MOYENS DE RÉPRESSION CONTRE L'ANGLETERRE.
### SES DANGERS INTÉRIEURS.

Bornons ici ce tableau des grandeurs anglaises, peut-être a-t-il déjà offusqué beaucoup de regards ; le cœur humain n'admet pas toujours avec plaisir le spectacle de la prospérité d'autrui. Celle de l'Angleterre est grande, il faut le reconnaître ; mais elle n'est pas affranchie des lois de l'humanité : son propre sein recéle le germe de beaucoup de dangers. Pour le bonheur du monde sa puissance peut avoir des freins, et ce qui est le plus conforme à l'ordre de la morale et le plus propre à instruire les hommes, c'est que ces moyens de répression sont placés dans sa propre richesse, et que sa faiblesse naît des élémens mêmes de sa force. Développons cette pensée en commençant par l'exposition des dangers intérieurs de l'Angleterre. Ils ont deux principes : 1°. son organisation

constitutionnelle, 2°. son ordre de propriété.

La constitution anglaise est admirable :
aussi n'est-ce pas d'elle, comme principe de
l'ordre politique de l'Angleterre, que j'ai à
m'occuper, mais seulement de la manière
dont elle est exécutée dans les deux cham-
bres. La chambre aristocratique tend plus
à l'aristocratie féodale qu'à l'aristocratie nationale, la seule que l'Angleterre ait eue en
vue dans la création de son aristocratie,
dont elle a voulu faire une magistrature et
non pas une corporation nobiliaire. Elle
a fait l'aristocratie pour l'état, au lieu de
faire l'état pour l'aristocratie. Mais ce levain
a pénétré la nation, et les Anglais éclairés
et fidèles au principe des institutions anglaises, reconnaissent avec douleur que le
germe s'est infiltré dans une trop grande
partie du peuple anglais, parmi lequel on
rencontre une tendance vers une aristocratie distincte de l'aristocratie nationale.

C'est déjà une grave atteinte portée à la
constitution, une plaie dont la douleur se
fait ressentir dans l'intérieur de l'état. De là,
comme d'un gouffre empesté, s'élèveront sans
cesse sur l'Angleterre des vapeurs malfai-

santes. D'un autre côté, l'influence ministérielle a acquis sur les élections , et par suite
sur la chambre élective, une influence , bien
mieux un ascendant incompatible avec les
libertés voulues par la constitution. La
chambre des pairs a pour partage une espèce d'immobilité majestueuse, avec laquelle
elle impose au peuple , qui pourrait presser
tumultueusement le trône; garantir celui-ci
de cette dangereuse atteinte , est au nombre
des plus nobles attributs de cette chambre.
La constitution a eu l'intention de donner
au peuple une égale sauvegarde , car l'essence de cette constitution est d'établir une
balance entre les pouvoirs : or, comment
cette balance peut-elle se maintenir dans son
état naturel , qui est l'équilibre, avec la septennalité de la chambre élective, et l'influence ministérielle dans la chambre populaire? Il y a là quelque chose qui blesse la
raison. La septennalité équivaut à la substi-
tution perpétuelle du pouvoir. Que de choses
se passent dans un pareil espace de temps !
Il est de la nature des choses qu'un excès
invoque un autre excès et lui serve d'excuse : les hommes sont faits ainsi. Les uns
ont voulu des législatures trop longues , les

autres en ont demandé de trop courtes. On les a de sept ans, on en a voulu d'annuelles. De part et d'autre on avait tort : la raison se trouve dans le juste milieu, qui veut qu'elles ne soient ni trop longues ni trop courtes. Ce sujet légitimement reprochable se trouvant joint à la domination ministérielle dans la chambre, ou sur la chambre populaire, il a dû se former, et il s'est formé, par le fait, un parti qui, désespérant d'obtenir la réforme de ceux-là mêmes contre qui elle doit être faite, et qui profitent de l'état actuel, a fini par déclarer que l'ensemble de cet ordre était si mauvais, qu'il ne pouvait plus être amendé, et que la réforme complète et absolue de l'institution elle-même était devenue indispensable. La défense des abus, quand ils sont sensibles et reconnus du grand nombre, aboutit inévitablement à ce résultat : de là sont venus *les radicaux*. Les extirper est impossible, tant que le mal qui les a créés subsistera et qu'ils pourront le montrer : mille circonstances extérieures comme intérieures ajouteront à leur force. Tout mécontentement, tout malheur public aboutit nécessairement à eux, accroît leur popularité ainsi que les embarras du gouvernement, et le force de compter avec eux. Mais ce qui affecte encore plus profondément l'état de l'Angleterre, c'est l'ordre de sa propriété : le plus grand nombre de ses habitans en sont exclus. Sur une population de douze millions d'hommes, les deux tiers sont placés presque entièrement hors de toute propriété ; leur subsistance est attachée à leur travail : par là elle se trouve hypothéquée sur tous les besoins et les goûts réels ou factices de l'univers, au lieu de l'être sur les champs de l'Angleterre. Le mal vient de ce qu'en ce pays il s'est opéré une double concentration de la propriété territoriale et industrielle.

L'Angleterre ressemble à l'Italie au temps des magnificences romaines, des Crassus et des Lucullus; les jardiniers avaient relégué les laboureurs en Sicile; l'Italie avait cessé de nourrir Rome. En Angleterre, la féodalité, et la spoliation de l'Eglise, opérée sous Henri VIII au profit des courtisans de ce prince proidgue, avaient concentré d'immenses propriétés dans les mêmes mains. L'économie, réservant chaque année quelque partie des revenus, a mis à portée d'acquérir graduellement : alors ont disparu les

les petites propriétés environnantes, et des fortunes particulières se sont agrandies comme un état qui envahit successivement ses voisins : il n'y a de différence que dans les moyens employés de part et d'autre.

Il en est de même de l'industrie; elle est exercée par des hommes possesseurs de grands capitaux : tout le reste travaille pour leur compte et vit de leurs salaires. Quand le travail est assuré et abondant, l'ouvrier est tranquille, et l'état l'est avec lui; quand le travail s'arrête, et que par cette suspension la subsistance devient précaire, la masse d'hommes atteints par cette pénurie devient inquiète et inquiétante : la tranquillité de l'état n'est assurée que lorsque la subsistance du peuple l'est aussi; mais à combien de chances cette subsistance n'est-elle pas exposée lorsqu'elle se trouve dépendre de choses aussi mobiles que le goût et les fantaisies des consommateurs; lorsqu'une découverte dans les arts, le simple perfectionnement d'une machine et tous les événemens de la politique peuvent changer, rétrécir ou bien élargir le champ de l'industrie, à laquelle est attachée, avec la subsistance d'un grand peuple, la tranquillité d'un grand

état ? Ce mal est fort grand : malheureusement pour l'Angleterre, il est confondu chez
elle avec tout son ordre de propriété ; il rejette dans l'aristocratie une grande partie de
la grande propriété industrielle, l'Angleterre
en a ressenti les effets dans les dernières années. Des circonstances heureuses, telles que
la révolution de l'Amérique , qu'on dirait
avoir été amenée par un génie sauveur de
l'Angleterre, ont dissipé les dangers du moment; mais leur principe reste implanté au
sein même de l'Angleterre; il impose au gouvernement une contrainte continuelle, par
la crainte de ne pas le remettre en action en
renouvelant la position qui avait créé les
dangers passés , et par là cet ordre de propriété, mal conformé en lui-même, entre pour
une certaine somme dans la direction politique de l'Angleterre, et la soumet à des restrictions qu'un autre ordre de choses ne lui
imposerait pas. Le Continent n'offre rien de
pareil, parce qu'il n'est pas constitué en propriété comme l'Angleterre, et que le peuple
y vit presque entièrement de sa propriété ,
c'est-à-dire du territoire même; tandis qu'une
partie de l'Angleterre vit des consommations
du monde entier, dépend d'elles , et périrait

si elle était atteinte par une interdiction combinée, ou par une *fin de non-recevoir* qui deviendrait générale. Alors comment vivrait toute la partie qui tire sa subsistance de ces consommations extérieures, et, dans ce cas, quel serait le sort de l'Angleterre? Tels sont les obstacles que l'Angleterre trouve dans son propre sein pour restreindre le déploiement de sa puissance. Voyons maintenant quels freins elle peut rencontrer au dehors. Les deux pivots de la puissance anglaise sont sa marine et son commerce, deux causes qui réagissent l'une sur l'autre : la marine défend et protège le commerce, à son tour, le commerce alimente la marine. La richesse peut quelquefois créer la dépendance; la multiplicité des intérêts crée des côtés vulnérables et le besoin des ménagemens : les états dont les intérêts sont comme épars sur toutes les parties du globe, peuvent être atteints plus facilement que les états qui concentrent leurs intérêts principaux en eux-mêmes, ou dans des relations plus resserrées. Quand un pays a la plus grande partie de ses intérêts en dehors de lui-même, quelle que soit sa puissance, il est dépendant : or, telle est la position de l'Angleterre.

Son commerce embrasse le monde, il est
vrai; mais par là même elle dépend, jusqu'à
un certain point, de tout le monde; il faut
qu'elle ménage chacun de ceux chez lesquels
quelques-uns de ces intérêts se trouvent en
dépôt, et dont il n'est pas un seul de ces
dépositaires, quelque faible qu'il soit, qui ne
puisse la blesser dans ses intérêts. Par cette
raison, la Prusse et l'Autriche sont moins dé-
pendantes que ne l'est l'Angleterre. Quelle
prise la plupart des états de l'Europe ou de
l'Amérique peuvent-ils avoir sur ces états
méditerranés, dont le commerce est très-
borné et dont le pavillon est presque inconnu?
Au contraire, que de moyens ces mêmes états,
impuissans contre la Prusse et l'Autriche,
n'ont-ils pas contre l'Angleterre, précisé-
ment par sa richesse même, par ce commerce
dont la conservation est son premier intérêt, et dont toutes les pertes lui sont sensibles! C'est contre lui que fut créé le système
continental, pensée vaste, qui a survécu à
son auteur, et qui ne pourra jamais être tout-
à-fait éteinte, pensée qui a placé son auteur
au-dessus de tous ceux qui avaient cherché
le côté faible de l'Angleterre; car, pour lui,

il l'avait trouvé. Cette théorie devient sensible par les deux faits suivans.

Le sort a fait que les deux principaux marchés de l'Angleterre se trouvent établis chez ses deux grands rivaux, la Russie et les États-Unis. Les capitaux anglais exploitent en grande partie le sol et le territoire russe; Pétersbourg renferme une ville anglaise; la puissante main de la riche Angleterre se fait ressentir jusqu'au fond des mines de la Sibérie; les derniers états de la navigation du passage du Sund portent à trois mille cent soixante-six le nombre des vaisseaux anglais qui ont franchi le détroit en 1822, la plus grande partie allaient en Russie. Quand Napoléon chassait le pavillon anglais de tous les rivages qu'il pouvait maîtriser, le commerce anglais de Russie, soutenu par tous les intérêts du pays, lui faisait déclarer cette guerre dans laquelle il a péri; d'un autre côté, lorsqu'en 1811 Napoléon eut réussi à brouiller l'Angleterre avec l'Amérique, la première ne trouva pas dans l'incendie du Capitole de Washington, non plus que dans l'insulte des rivages américains, le dédommagement des pertes que lui fit essuyer l'interruption de son commerce avec l'Amérique : alors l'Angleterre avoua que la marine américaine lui avait fait éprouver plus de dommages que toutes les marines de l'Europe réunies ensemble. La désertion des ateliers, les cris de la population tombée dans l'indigence par la suppression du travail auquel fournissait l'Amérique, mirent le pays dans un état critique et alarmant pour le gouvernement. Renoncer à des marchés tels que la Russie et l'Amérique n'est pas une chose que l'on puisse se permettre sans de graves conséquences : les intérêts commerciaux répandus sur la surface du globe créent donc pour l'Angleterre comme des lisières pour retenir l'essor de sa puissance, et l'empêchent de vouloir dans toute l'étendue de son pouvoir.... Elle porte donc un frein façonné par sa propre richesse : ce frein est d'or, il est vrai ; mais c'est un frein, et celui-là est de nature à demander autant de soins pour ne pas le perdre, qu'on en met pour s'affranchir des autres..... Si le pouvoir de l'Angleterre s'appesantissait trop, qui empêcherait celui qui en souffrirait de se refuser au commerce anglais, et par cette seule expression bien légitime de son mécontentement, de lui faire, au sein d'une paix réservée dans sa froideur, une guerre très-sensible quoique non sanglante, très-active quoique sans combat; car pour un état commercial par essence, la perte du profit équivaut à celle du sang. Qui pourrait trouver illégitime la défense qui se borne à refuser ses profits à qui opprime ou qui menace? C'est donc au sein de sa richesse propre qu'est placé le frein qui peut retenir la puissance anglaise; c'est le soin de la conservation de cette richesse qui l'avertit du besoin de la modération. Dans leur détermination, les autres états n'ont guère à prendre conseil que d'intérêts locaux et bornés, que de comparer leurs moyens et leurs dommages possibles avec ceux de leurs adversaires. L'Angleterre est dans une position qui exige des calculs beaucoup plus étendus, parce qu'elle se présente au combat avec une possibilité de pertes et une crainte de réaction dans son intérieur, dont ses adversaires n'ont point à s'inquiéter.

Cela est aussi heureux pour elle que pour les autres, car le plus grand malheur de la force est de ne pas ressentir le besoin de la modération; il faut que les forts se sentent vulnérables par quelque côté. L'Angleterre ressemble à Achille périssant par la partie

de son corps que couvrait la main de sa mère
lorsqu'elle le plongeait dans les flots pour
le rendre invulnérable. Le Ciel n'a pas voulu
que le pouvoir fût libre de se déborder avec
toute son insolence naturelle, et il a placé
auprès de lui un intérêt fait pour le ramener
sans cesse à la modération par le besoin de sa
conservation propre. Cet intérêt ressemble à
ce vieillard qu'en Égypte la loi plaçait auprès du prince pour lui rappeler qu'il était
homme.

Le pouvoir maritime de l'Angleterre est
immense, aucune vérité n'est plus évidente;
il surpasse celui de chacun en particulier,
et même celui de tous ensemble. Mais quels
sont les élémens de ce pouvoir?

1°. Son identité, 2°. son voisinage de l'Europe, 3°. sa position.

Il est bien reconnu que l'Angleterre ne
peut être combattue que par une coalition
maritime; chaque état de l'Europe, séparé-
ment, est trop faible contre elle; c'est donc
par une réunion seulement qu'elle peut être
attaquée; mais la marine anglaise renferme
un principe bien grand de force dans la simi-
litude du langage; dans l'unité d'intérêt, de
direction et de tactique; au contraire, tout est

divergence ou conflit dans les coalitions maritimes ; le langage, la tactique, l'intérêt, les moyens, tout diffère ; il n'y a entre les parties qui composent ces réunions d'autres liens que ceux de l'obéissance aux pouvoirs qui les ont formées, et au nom desquels elles agissent. La jalousie, la haine même, des inégalités de toute espèce divisent les alliés apparens ; on peut compter parmi eux autant d'ames que de pavillons, au lieu qu'une flotte anglaise présente l'unité de l'une et de l'autre. L'histoire des coalitions maritimes est celle de leurs divisions et de leur inutilité.

L'Angleterre est située de manière à ce que sa position rende imposible la seule chose qu'elle puisse craindre, c'est-à-dire la réunion des flottes européennes. En effet, où se réuniraient-elles ? L'Angleterre, par sa situation, coupe la communication du nord avec le midi de l'Europe. Comment les flottes de la Baltique se réuniraient-elles à celles de l'Océan, et encore mieux à celles de la Méditerranée ? Comment une flotte hollandaise ferait-elle vingt lieues en mer sans être assaillie par une flotte anglaise ? Ne l'a-t-on pas vu pendant la guerre d'Amérique ? Les Hollandais à peine sortis de leurs ports ne furent-ils pas attaqués au Doggersbank? Dans la dernière guerre, ne l'ont-ils pas été à quelques lieues de leurs côtes, au combat d'Egmond? L'expérience, prêtant son appui au bon sens, démontre donc que toute coalition maritime contre l'Angleterre est impossible, parce qu'elle ne peut pas remplir son objet. D'ailleurs, on a vu des flottes combinées et ce qu'elles ont fait. Les Anglais s'en sont joués dans la Manche et eurent l'air de s'en moquer au ravitaillement de Gibraltar. Dans la guerre d'Amérique, les flottes de France et d'Espagne ne voulurent ou ne purent pas se réunir après le combat du 12 avril 1782. Réunies dans la guerre de la révolution, elles n'ont abouti qu'à Trafalgar et au Ferrol... Voilà tout ce qu'on a retiré des combinaisons savantes qui les avaient réunies. Toutes ces idées de coalition maritimes sont d'un temps qui est loin de nous, lorsque l'Angleterre n'avait pas ses ports garnis comme ils le sont aujourd'hui, et lorsque son trident, moins allongé, ne s'étendait pas de Héligoland aux limites mêmes du monde. Les idées doivent suivre le temps, celui-ci est changé: pour être saines et profitables, elles doivent changer avec lui.

L'Angleterre est placée de manière à pouvoir bloquer presque tous les contours de
l'Europe et les passages principaux de ses
mers, sans un grand déplacement. Dans quelques heures, ses flottes sont sur les côtes de
Hollande et de France; du haut de ses côtes,
elle observe tous les mouvemens de celles de
France; à Jersey, elle a un observatoire sur
Cherbourg; devant Brest et Rochefort, ses
flottes sont presque comme à Plymouth. A
Lisbonne, elle observe le Ferrol, et Cadix à
Gibraltar; à Malte, elle interdit la Méditerranée aux flottes françaises et espagnoles;
elle bloque Toulon et la côte de l'Espagne;
ses relâches sont par-tout, ses approvisionnemens sont sous sa main. Cet état de voisinage et de contact avec l'Europe donne de
grands points d'appui à la puissance maritime
de l'Angleterre; mais il n'en est pas de même
dans un autre hémisphère. Là, l'Angleterre
perd les avantages qui la rendent si redoutable aux marines de l'Europe; là, à son tour,
elle est éloignée de chez elle; là, ses stations
sont laborieuses, tandis qu'en Europe elles
ne sont qu'un jeu pour elle; là, il faut lutter
contre mille difficultés, le climat, les mers orageuses, l'étendue des côtes à surveiller, et

bientôt contre d'autres pavillons qui s'élance-
ront des rivages américains, vengeurs de l'Europe et libérateurs de l'Océan. Le génie de la
liberté fera pour l'Europe, par la main de l'A-
mérique, ce que l'Europe ne pouvait pas faire
par la sienne propre. Fiez-vous-en à l'Amérique et à ses attributs : l'immensité de ses
côtes, la profondeur de sa navigation intérieur, créeront dans son sein des races de
marins que la nature de la navigation de cette
contrée, tournée vers des parties très-éloi-
gnées du globe, à travers des mers orageuses,
endurcira aux pénibles travaux de la mer, et
rendra des émules redoutables pour les argo-
nautes anglais. Les Américains du Nord com-
mencent à paraître dans cette carrière, le reste
de l'Amérique les suivra dans la même route
comme elle l'a fait dans celle de la liberté.

Tels sont ce que nous appellerons, à défaut d'une autre locution mieux appropriée
à ce sujet, les côtés faibles de l'Angleterre ;
il ne faut pas lui en chercher ailleurs, car
elle n'en a point : Louis XIV disait avec raison que toute tentative de descente ne ferait
qu'augmenter les forces défensives de l'Angleterre. Napoléon, tout en préparant contre
elle la plus dure attaque dont elle eût en-

core été menacée, en sentait les dangers et
disait que l'aller était moins embarrassant
que le retour, devant une nation qui s'ar-
merait tout entière. Des politiques qu'on
peut dire peu délicats ont quelquefois parlé
de faire faire banqueroute à l'Angleterre; on
a vu des gouvernemens y travailler, ils ou-
bliaient qu'auparavant il fallait l'engloutir au
sein des flots. Ils ignoraient également ce que
sont l'Angleterre, son crédit et sa banqueroute. Celle-ci a souvent été un fruit continental, mais elle n'a jamais été et ne sera jamais un fruit de l'Angleterre.

# CHAPITRE XII.

### OU ET COMMENT PEUT AGIR L'ANGLETERRE.

Il est facile de répondre : sur tous les points insulaires, ou bien abordables par des vaisseaux : ainsi l'Angleterre a pris Malte par blocus, et l'Ile-de-France par une descente exécutée avec une armée transportée de l'Inde; de plus, la puissance anglaise peut s'exercer sur tout vaisseau qui ose prendre la mer : là est son empire, et un empire irrésistible. Elle peut agir encore sur le commerce direct de ses ennemis, et sur leurs richesses à découvert hasardées sur la mer. Elle peut bloquer les ports de ceux qu'elle combat; mais là se borne son pouvoir : la Hollande, la France et l'Espagne sont les trois pays les plus menacés par la puissance navale de l'Angleterre, les plus exposés à ses coups. Hors de là l'Angleterre ne peut rien, la civilisation a comme brisé la verge avec laquelle elle pouvait faire de plus profondes blessures : la pré-

cieuse découverte des assurances, la multiplication des pavillons, les priviléges légaux
de la neutralité, ont émoussé l'instrument
terrible dont l'Angleterre dispose. Ce n'est
que lorsque les choses sont portées à l'ex-
trême, comme elles le furent au temps de
Napoléon, que l'Angleterre rentre dans la plénitude de l'exercice de sa supériorité maritime : alors elle sévit de toute l'étendue de
son pouvoir. Hors de là elle ne peut en faire
qu'une application partielle : ainsi l'Angleterre peut bloquer telle côte qu'il lui plaît,
et en interdire l'accès ; mais son pouvoir
ne dépasse pas les limites du territoire ennemi. Ce que l'on ne peut pas porter directement à Dunkerque ou bien à Marseille
est déposé à Ostende, ou bien à Gênes ; cette
espèce de guerre ne peut jamais avoir le positif de la guerre continentale. L'Angleterre
peut bombarder quelques cités maritimes,
c'est une vieille pratique fort décriée aujour-
d'hui et dont les profits ne paient pas les frais :
l'amiral Rodney, qui avait bombardé le Hâ-
vre, disait que *c'étoit casser des vitres avec
des guinées* ; l'incendie de la flotte d'Alger n'a
pas compensé les frais de l'expédition, et
cette flotte est renée de ses cendres, comme

il arrive dans un temps où l'art de la construction est devenu général; ce n'est plus
qu'une affaire d'argent, et qui peut payer
des vaisseaux est bien sûr de n'en pas manquer. Tous les incendies de flottes finis-
sent par ne profiter qu'aux constructeurs :
d'ailleurs, avec le perfectionnement de l'ar-
tillerie, les bombardemens sont devenus
encore plus aventureux pour les assaillans
que pour les attaqués. La flotte anglaise
s'estima heureuse de sortir des Dardanelles; la flotte russe n'osa pas s'y commettre
après le grand incendie de la flotte turque
à Thesmé. Les Anglais ont pu débarquer en
Amérique sur des rivages alors sans protection, mais que l'art leur interdira à jamais.
Ils ont incendié le Capitole de Washington,
ce sont de ces coups que l'on ne frappe que
dans des pays neufs comme l'est l'Amérique,
dépourvue de population et de défense; mais
la civilisation a décrié ces procédés, elle y a
attaché une sorte d'infamie, les pierres elles-
mêmes crient contre les auteurs de ces atten-
tats, et leur nom reste inscrit sur les ruines.

Le pouvoir maritime de l'Angleterre est
nul à l'égard de tous les états méditerranés : ainsi on n'aperçoit pas comment l'An-

gleterre pourrait agir sur la Prusse, l'Autriche, la Suisse, les états intérieurs de l'Allemagne et la Russie : là, il n'y a rien à bloquer,
à bombarder, à capturer ; aucun point de
contact n'existe entre ces contrées et l'Angleterre, et si les bataillons des unes ne peuvent pas aller en Angleterre, les vaisseaux
de l'Angleterre ne peuvent pas davantage
aller dans ces contrées.

Nous avons vu plus haut que l'Angleterre
ne pouvait disposer, pour un emploi extérieur, que d'une force équivalente à cinquante mille hommes, comment pourrait-elle
les placer et les faire agir ? Serait-ce isolément
et pour son propre compte ? Comment ferait-
elle une descente annoncée par de longs pré-
paratifs qui donneraient le temps d'en faire
pour la repousser ? En 1809 elle n'osa pas arriver jusqu'à Anvers. Jettera-t-elle ces cinquante mille hommes en Russie, en Prusse,
en France, j'y vois autant de morts ou de pri-
sonniers. Se bornera-t-elle à insulter des
côtes, à occuper quelques points sans vue
d'établissement ? Mais que signifie cela ? Quel
en est l'effet et pour elle et pour les autres ?
Il faut donc, pour placer une action véritable de l'Angleterre sur le Continent, reve-

nir à ce qu'elle a fait depuis le *roi Guillaume* : ce monarque judicieux ne fit jamais paraître une armée anglaise sur le Continent que parmi celles des grandes alliances qu'il forma contre Louis XIV. C'est encore ainsi que l'Angleterre se présenta dans la guerre de la succession d'Espagne , dans celle de 1740 et de 1756.

Depuis 1793 , elle a tenu un corps d'armée avec les armées continentales qui combattaient la France et a fini par s'unir aux Portugais et aux Espagnols : l'Angleterre ne peut agir que de cette manière, toute autre lui est interdite ; il est commun d'entendre dire : si la Russie attaque la Turquie, l'Angleterre défendra celle-ci; mais comment apportera-t-elle une armée dans la Baltique ou dans la mer Noire ? Que seront ces troupes en comparaison de celles que la Russie peut réunir soit au nord, soit au midi de son empire? Une flotte anglaise n'a pas de port dans la Baltique , qu'ira-t-elle faire dans la mer Noire? *Bombarder les côtes de la Crimée?* Tout cela est absurde. On entend encore dire : l'Angleterre , avec ses subsides , paiera les troupes de tels ou tels princes : cela a pu être dans d'autres temps, mais est inapplicable au temps actuel ; alors on acceptait les subsides anglais dans des coalitions déjà formées à l'appui de causes auxquelles plusieurs concouraient, et pour le soutien d'un intérêt qui n'était pas purement anglais.

Ainsi, dans la guerre de 1756, l'Angleterre donna des subsides à la Prusse et aux princes de la basse Allemagne, pour la soutenir contre l'Autriche, alliée de la France, avec laquelle elle était en guerre : elle fit de même dans les guerres contre Louis XIV; mais aujourd'hui cela ne pourrait plus avoir lieu. La Suède, le Danemark, la Prusse accepteraient-elles des subsides pour combattre la Russie? assurément non. Est-ce donc que des subsides anglais compenseraient les dommages auxquels leur acceptation donnerait ouverture? Il est des choses que l'on ne met pas en balance avec des subsides, quels qu'ils puissent être, et ces choses-là se trouveraient infailliblement dans un choix aussi irréfléchi, car il pourrait y aller de l'existence. Au temps de Napoléon, on a vu assez de princes qui, pour avoir ouvert la main aux subsides de l'Angleterre, ont vu, le lendemain, la porte de leur palais se fermer sur eux. Reconnaissons donc, d'après tout ce qui vient

d'être dit, que l'Angleterre n'a d'action im-
médiate sur le Continent que par ce que les
Anglais appellent des connexions continentales, comme membres d'une fédération et
d'une alliance avec d'autres puissances. Hors
de là, l'Angleterre est nulle pour le Continent, de manière à ce que la même nature
des choses qui l'a affranchie du joug des autres, a de même affranchi les autres du sien ;
ce qui fait que l'Angleterre est comme inoffensive pour le Continent, à défaut de pouvoir le frapper et de s'y rien approprier. A
proprement parler, les combats de l'Angleterre avec le Continent ressembleraient à
ceux que voudraient se livrer la baleine et
l'éléphant, qui, habitant de part et d'autre
des lieux formés d'élémens contraires, ne
pourraient jamais se saisir corps à corps et se
combattre. Tel a toujours été le rôle de l'Angleterre depuis qu'elle a eu un système politique : nous ne sommes plus au temps des
batailles de Crécy ni d'Azincourt : alors
l'Angleterre partageait presque la France
avec les rois de celle-ci ; elle trouvait des
alliés puissans dans les ducs de Bretagne, de
Bourgogne et de Guienne, toujours prêts à
se déclarer contre les rois français : depuis

Philippe-Auguste et saint Louis, l'Angleterre s'est toujours appuyée dans ses invasions en France, sur les rivaux du trône ; mais rien de tout cela n'existe plus, le contact de l'Angleterre avec le Continent a fini à Calais quand le duc de Guise le reprit, et à Dunkerque quand Louis XIV remit à Charles II le prix de la conquête de Cromwell. L'Angleterre n'est donc plus qu'une puissance purement navale, réduite à la possession de son île ; le Continent est fermé à ses incursions armées ; les choses en sont au point que l'Angleterre ne pourrait pas soutenir directement le pays avec lequel elle entretient une espèce de pacte famille, le Hanovre. Il lui faut *un transit accordé*, pour pouvoir y aborder.

Ainsi, dans l'évaluation de cette grave question, il faut reléguer parmi les propos les plus irréfléchis ceux qui énoncent la pensée que l'Angleterre combattra la Russie, l'Autriche et même toute la Sainte-Alliance ; qu'elle bloquera tel port ou telle côte ; qu'elle bombardera Pétersbourg, ou bien Odessa, et peut-être tous les deux ensemble. La nature des choses en a disposé autrement, elle a donné à l'Angleterre d'autres pouvoirs ; mais très-certainement elle lui a refusé ceux que l'inconsidération de certains esprits lui attribue, et l'Angleterre est trop éclairée pour accepter ces attributions, en contradiction avec les propriétés dont elle a été si richement dotée par la nature et ses institutions, ainsi qu'avec le rôle que celles-ci l'appellent à jouer.

# CHAPITRE XIII.

## CUBA ET L'ANGLETERRE.

Il y aurait, sinon de l'inhumanité, au moins de l'inconvenance, à prendre ce moment pour adresser des reproches à l'Espagne, elle a à se défendre d'assez d'autres attaques, pour ne pas aggraver sa situation. Elle a cru devoir maintenir son titre de souveraineté sur l'Amérique, qui lui échappe de toutes parts, et pour le constater, elle a déclaré de bonne prise les vaisseaux qui cherchaient à pénétrer dans les ports de Colombia et d'autres lieux : aussitôt, les pirates, couverts du pavillon castillan, se sont lancés sur tous les vaisseaux qu'ils ont pu atteindre. Les commandans espagnols, délaissés par la métropole, ne recevant d'elle ni hommes ni argent, ont cherché dans ces captures soit un allégement à leurs maux, soit des moyens de fortune. La navigation anglaise n'a pas été plus épargnée que les autres ; mais comme elle est infiniment plus nombreuse que les autres, ses dommages propres sont trouvés plus grands, et le gouvernement anglais a dû intervenir. Il avait les moyens de bien appuyer ses représentations : elles ont été écoutées, et il en a coûté à l'Espagne vingt millions pour avoir le plaisir de se dire dame et maîtresse de l'Amérique. Que voulez-vous? chacun met à ses titres bons ou mauvais le prix qu'il juge qu'ils méritent. Quelques personnes hors de tout intérêt, et par conséquent mieux placées pour juger, pensaient que cette somme, *cette amende*, ainsi que les soldats perdus dans cette défense inutile de l'Amérique, eussent été mieux placés en Espagne, de même que l'armée du Brésil le serait mieux à Lisbonne qu'à Bahia.

Quoi qu'il en soit, à l'aspect de ce différent, on s'est écrié : L'Angleterre va occuper Cuba ; l'Espagne cède Cuba : l'éveil a été donné par les papiers américains, qui sont très-aventureux de leur nature ; et le même bruit a été propagé par les journalistes anglais, autre classe très-hasardeuse. Le fait a montré quelle foi devait être ajoutée à ces annonces, il n'avait jamais été question d'une pareille cession.

Les donateurs bénévoles de Cuba savaient-ils bien ce que contenait cette largesse ? Avaient-ils réfléchi au caractère et à la position des donateurs et des donataires, ainsi qu'aux conséquences de ce singulier présent ?

En général, l'Espagne a peu de dispositions à céder : on la voit s'épuiser d'hommes et d'argent pour une souveraineté imaginaire et impossible sur l'Amérique ; on voit les débris des bataillons espagnols continuer de disputer un terrain qui les repousse, sans espoir d'y réussir, sans communication avec la métropole, à laquelle ils offrent le sacrifice d'une persévérance scellée de leur sang ; et avec tout cela sous les yeux, on représente l'Espagne se détachant de Cuba, à la première sommation, et remettant à autrui la plus précieuse de ses colonies par elle-même, et la plus importante relativement à celles qu'elle a perdues ; car c'est par Cuba seulement qu'elle peut rentrer chez elles, et soutenir ses partisans au Mexique et dans l'Amérique méridionale. C'est à Cuba que se trouve le fonds de la puissance espagnole en Amérique ; c'est à Cuba que sont ses armes et ses chantiers. Otez Cuba à l'Espagne, et l'Amérique lui est aussi interdite que peut l'être

la Chine..... La cession annoncée était donc
contre la nature des choses.

Les convenances des acquisitions doivent
être pesées, et les avantages balancés par les
inconvéniens. Cuba, sous beaucoup de rapports, peut convenir à l'Angleterre, et même
être convoité par elle ; mais les compensations à charge ne se montrent-elles pas et très-
nombreuses et très-onéreuses? L'Angleterre
occupe plus de terrain et de colonies qu'elle
n'en peut garder; en définitive, le monde ne
peut pas appartenir à un seul. Cuba est une
contrée fort étendue; sa population est nombreuse; ses mœurs, sa religion, son langage
ne sont pas anglais; le nombre des esclaves
est très-grand, et l'Angleterre a déjà bien assez de nègres à garder. Une partie du militaire
anglais devrait être destinée à la garde de cette
propriété nouvelle, étendue et peu sûre. Céder
Cuba pourrait bien être le fait de l'Espagne ;
mais si Cuba ne voulait pas être cédé, il faudrait donc lui faire la guerre, et cette guerre
serait faite par l'Angleterre ; car sûrement
l'Espagne n'en a ni les moyens ni la volonté.
Cette cession et cette acceptation n'étaient
donc pas des choses aussi simples que se le

figuraient les auteurs de ce beau projet : mais voici qui est plus fort.

L'Angleterre s'est donné un poste très-fortifié dans une des îles de Bahama, qui est sur le passage de l'Amérique du nord à celle du sud ; de plus, elle occupe l'île de la Trinité, qui serre de près le continent espagnol : si vous ajoutez Cuba à ce double moyen de puissance dans ces parages, la clef du golfe du Mexique et du passage des deux Amériques l'une vers l'autre, se trouve entre les mains de l'Angleterre : dès-lors, le golfe du Mexique devient une mer fermée, et le grand débouché de tous les états de l'ouest de l'union américaine, qui se fait par le Mississipi et la Nouvelle-Orléans, dépend de l'Angleterre. Cette invasion sur les besoins et les libertés des deux Amériques, sur la navigation de tous les peuples européens, est d'une trop grande conséquence pour être admise sans une réclamation et une opposition générale et combinée des deux hémisphères. L'Angleterre se rencontre déjà sur tant de points du globe, son sceptre maritime est si long et si lourd, que sûrement il serait fait beaucoup d'efforts pour l'empêcher d'acquérir cette nouvelle extension. Voilà ce qu'est l'occupation de Cuba par l'Angleterre. Il est permis de croire que ceux qui en disposaient aussi à la légère, n'avaient pas vu tout ce qu'elle renferme.

Au reste toute cette question était la plus oiseuse du monde, et puisque le sujet me ramène vers des pensées qui ont long-temps occupé mon esprit, je dirai qu'en liant, comme la raison exige de le faire, le sort de Cuba à celui de l'Amérique, il est impossible que cette île superbe, susceptible de former, elle seule, un magnifique état, ne soit pas emportée, avant peu de temps, dans le courant du mouvement imprimé à l'Amérique elle-même ; Cuba ne sera ni espagnol ni anglais, il sera indépendant ; Cuba n'appartiendra à personne, Cuba s'appartiendra à lui-même ; Cuba ne sera ni gardé ni cédé : aujourd'hui il n'y a plus que la nature des choses qui garde ou qui cède à demeure, tout le reste est nominal et temporaire ; Cuba sera libre par lui-même, ou libéré par ses voisins d'Amérique. Comment croire qu'ils laisseront à leur porte le boulevard d'où l'Espagne ou l'Europe peuvent leur faire tant de mal ? Cela est contre la nature des choses, et non-seulemen Cuba sera libre, mais il sera

républicain ; car le droit d'intervenir fran-
chissant les mers, les républiques d'Amérique ne souffriront pas plus l'établissement
de royautés qui formeraient des contrastes
trop frappans avec leur mode de gouvernement, qu'en Europe les royautés ne tolé-
reraient auprès d'elles la formation de républiques, dont la vue et l'agitation naturelle
leur paraîtraient propres à frapper l'esprit
et les yeux de leurs sujets.

Il faut le dire et inviter à y réfléchir : si
deux drapeaux de politique s'élèvent aux
deux extrémités de l'Europe, deux drapeaux
de sociabilité s'élèvent aussi sur les deux hémisphères. L'étoile de la république se lève
triomphante sur toute l'Amérique, et finira
par éclairer seule toute cette contrée, l'Europe restera le domaine de la royauté. Ce
partage du monde n'a pas eu encore de modèle. Il amènera nécessairement des scènes
nouvelles entre des parties constituées si con-
tradictoirement ; il faudra, pour se défendre
des influences qu'on aura laissé créer ainsi,
plus de sagesse qu'on n'en a mis pour les prévenir ; ce qui pourtant était fort aisé. Avec
la plus légère prévoyance, l'Amérique serait
aujourd'hui aussi royale que l'est l'Europe,

et la royauté de la première aurait servi de point d'appui à la royauté de la seconde. Dans l'état actuel, ce sera à la royauté de l'Europe à se défendre de l'influence du républicanisme de l'Amérique ; on en avait averti; mais on a trouvé que l'avis ne méritait que des outrages pour ses auteurs.

# CHAPITRE XIV.

## POLITIQUE DE L'ANGLETERRE.

Qu'est la politique en général ? L'art de se conduire appliqué au gouvernement des états : la morale est inflexible, invariable dans toutes ses parties ; la politique n'est invariable que dans son but, qui est le bien de l'état ; mais elle doit être souple dans son application. Les temps sont-ils changés ? qu'elle change d'objet et de moyen, qu'elle les suive et s'y conforme : la politique de l'enfance, de la virilité, de la décadence des états doit suivre ces divers degrés de leur existence ; elle doit tenir compte du nombre, de la force, de la distance des autres états ; tous les intérêts relatifs doivent aussi être pesés ; l'inimitié du jour peut devenir l'amitié du lendemain, il peut en être de même de l'amitié ; ces affections varient ou s'épuisent entre les États comme entre les particuliers : une politique tenace au point de ne

pas tenir compte de ces changemens et de ne
pas s'y conformer, serait le plus grand fléau
des états ; la politique ne doit pas vivre dans
le passé, mais s'en servir pour assurer le présent et préparer l'avenir. C'est d'après ces
principes qu'il est raisonnable et juste tout-à-
la-fois de juger la politique anglaise : les anciennes inimitiés, les anciennes douleurs ne
doivent entrer sous aucun rapport dans cette
évaluation. Les coups les plus sensibles qu'ait
reçus la France, sont, depuis cinq cents ans,
partis de mains anglaises : cela est vrai depuis Crécy jusqu'à Waterloo, depuis la Hogue jusqu'à Trafalgar, c'est d'elles que sont
venues nos plus profondes blessures ; mais à
quoi servirait leur ressentiment ? Qu'ont de
commun les époques de ces désastres avec
celle où nous vivons ? Écartons sur-tout, écartons ces préjugés haineux et irréfléchis qui
représentent un peuple entier en état permanent d'injustice et de rapines ; ce corsai-
rage politique ne fut jamais l'apanage que
d'*Alger* : il est faux que les peuples civilisés
existent ainsi, ils sont moraux par essence,
c'est leur nécessité. Beaucoup de reproches
ont été adressés à l'Angleterre sur sa foi ;
comme si elle en eût puisé les principes à

Carthage? Hélas! quel peuple peut se flatter de posséder des archives entièrement irré- prochables? La Prusse a-t-elle acquis la Si- lésie à meilleur titre que l'Angleterre ne pos- sède l'Inde? Qui a donné l'Amérique à l'Eu- rope et la Pologne à la Sainte-Alliance? Quel peuple n'a pas le triste droit de renvoyer à un autre peuple les imputations que celui- ci peut se permettre de lui adresser? Sortons de ce cercle de petitesses et de déraison; et laissant là l'Angletererre croissante et agis- sante dans l'ancien état du monde comme ont cherché à s'y faire jour tous les autres états, ne nous occupons plus que de cette Angleterre, telle que l'ont faite les siècles écoulés, et dans son action avec les siècles présens et à venir.

Il a été établi, 1°. que l'Angleterre était une puissance extra-continentale; 2°. qu'elle ne pouvait agir directement sur le Con- tinent; 3°. qu'elle n'y peut rien acquérir; 4°. que par conséquent elle est inoffensive pour lui. De là sort le rôle obligé de l'An- gleterre; il est celui de tout homme qui n'a aucun intérêt et qui ne peut pas plus perdre que gagner: or, dans un pareil cas, quel peut être le rôle de cet homme? La paix et la dé-

fense du faible contre le fort et de surveiller
celui-ci. A voir la position de l'Angleterre en
dehors du Continent, on dirait qu'elle a été
placée en dehors de ses intérêts pour conserver l'impartialité dans ses jugemens sur eux
et comme pour lui servir de juge de paix ;
qu'elle a été destinée à jeter le cri d'alarme
contre les ambitions qui tendraient à envahir ou bien à maîtriser. Ouvrons l'histoire ,
ce témoin irrécusable, que rien ne peut in-
timider ni séduire, pas plus que faire taire :
nous y trouverons quel a été le rôle de l'An-
terre depuis cent quarante ans , lorsqu'elle
a pu suivre la pente naturelle de sa politique. Elle en avait été détournée dans le cours
des deux guerres que, sous l'inspiration d'un
ministère trop connu sous le nom de *la cabale,*
Charles II déclara aux Hollandais , contre le
vœu déclaré de la nation, qui, confondant ses
intérêts propres avec ceux des hommes qu'on
lui faisait combattre , en conçut des défiances
incurables contre Charles II , qu'elle voyait
travailler à détruire ce à quoi elle-même attachait le plus de prix ; mais dès que *Guillaume*
eut rendu à l'Angleterre l'exercice sincère
de ses institutions, que Charles n'avait cessé
de miner et d'oblitérer, l'Angleterre , se re-

plaçant dans son assiette naturelle, se mit à la tête des intérêts européens contre le pouvoir qui dans ce temps les menaçait. Elle parut au premier rang des grandes alliances qui se formèrent contre Louis XIV, qui soutinrent la guerre de la Succession, et par sa retraite elle amena une solution de cette guerre, entièrement différente du principe sur lequel elle avait été entreprise. En 1740, l'Angleterre s'unit à ceux qui combattaient les oppresseurs de Marie-Thérèse; enfin dans la guerre de la révolution, l'Angleterre n'a cessé de lui opposer de la résistance; elle a fini par donner à Napoléon, pour ennemis, ceux qui étaient tombés à ses pieds; c'est l'Angleterre qui a relevé le courage et armé les mains de l'Europe, et qui l'a fait triompher presque malgré elle. Loin d'ici la pensée d'élever un trophée à la gloire de l'Angleterre, ses triomphes coûtent trop cher à la France pour les célébrer; mais les droits de la douleur ne détruisent pas ceux de la vérité. Lorsqu'un ministre qu'une de ces fantaisies qui ne peuvent trouver place que dans les palais de l'Orient ou des pays sans constitution, avait porté à la tête des affaires de l'Espagne; lorsque le

cardinal Albéroni, qui, pour avoir vaincu la
princesse des Ursins, et subjugué un maître
qui avait toujours besoin d'un joug, s'ima-
ginant être un puissant génie, se fut avisé
de former des projets bien supérieurs aux
moyens qu'il pouvait avoir de les exécuter,
qui l'arrêta dans les premiers pas de cette
course déréglée? Ne fut-ce pas l'Angleterre?
Qui, en 1790, a fait lâcher prise sur la Turquie à la puissante et superbe Catherine; à
Gustave se précipitant dans une entreprise
déréglée contre le Danemarck, ne fut-ce pas
encore l'Angleterre? L'histoire nous montre
donc que le rôle indéfectible de l'Angleterre
a toujours été, depuis Guillaume III, de soutenir les faibles sur le Continent contre les
forts, et de tenir les premiers réunis ensemble. La nature a tracé ce système devant les
yeux de l'Angleterre, elle ne peut le fausser
sans la sentir protester contre cette déviation; mais si, pour agir, le Continent a besoin de l'Angleterre, de son côté elle a besoin
de lui pour le faire, et sans ce faisceau elle
ne peut plus rien. En tirant de ce principe la
conséquence naturelle, on trouve donc que
l'Angleterre doit faire contre les forts d'aujourd'hui ce qu'elle a fait contre les forts d'au-

trefois, et comme ce fort est incontestablement la Russie, il est également naturel de
conclure que la résistance, l'opposition, la surveillance de l'Angleterre à l'égard de la Russie, forment le fonds actuel et systématique
de la politique anglaise ; elle n'a pas créé ni
recherché cette opposition, elle n'est pas une
affaire de choix ; l'Angleterre l'a reçu de la nature des choses, elle ne peut pas s'y soustraire ; le même instinct de conservation qui
l'a dirigée dans la carrière qu'elle a déjà
parcourue ne lui permet pas de s'éloigner
de celle qui s'ouvre devant elle, il ne lui
sera pas plus donné de pouvoir s'écarter de
la seconde direction que de la première.
C'est un spectacle vraiment admirable que
celui d'un peuple qui, depuis un long temps,
arrose de son or et de son sang le pied de
l'arbre des libertés européennes : et d'où
vient cette persévérance dans ces voies tra-
cées par la raison même? C'est qu'il vit au milieu de ce peuple une opinion publique, fruit
de ses admirables institutions : par elles, une
discussion continuelle circule sans interruption dans toutes ses parties, et comme dans
toutes les veines du peuple anglais ; les in-
trigues fuient devant elles comme des enfans

de ténèbres ; les surprises faites au prince sont bientôt reconnues et déjouées ; les intérêts nationaux, toujours éveillés, sont là pour réclamer, il faut les écouter : dans un tel état de choses, les erreurs ne peuvent durer ; une discussion sincère, parce qu'elle est libre, a bientôt redressé tout ; les volontés versatiles, capricieuses, ne peuvent prévaloir contre la fixité et l'immobilité des intérêts nationaux, par conséquent la politique de l'Angleterre est, par son essence même, ferme et stable ; et dans son application au nouvel ordre du Continent, elle se dirigera d'après la nature de ses attributs ; elle jouera aussi vivement, aussi persévéramment contre la Russie, qu'elle l'a fait contre Louis XIV et contre Napoléon ; elle le fera d'autant plus certainement qu'ici les dangers sont plus grands, car Louis et Napoléon étaient hommes : les dangers provenant de la pente de leur esprit n'étaient que des accidens finissant avec eux ; mais quand finira la Russie, c'est à une chose que pour cette fois l'Angleterre va se trouver avoir affaire.

Veut-on un exemple frappant de cette tendance constitutionnelle de l'Angleterre à redresser, par l'opinion et par la force des inté-

rèts nationaux, la marche du gouvernement?
Des faits récens vont le fournir.

Lord Londonderry dirigeait la politique
anglaise avec un penchant marqué vers la
Sainte-Alliance, ainsi qu'avec un levain d'ai-
greur contre la révolution. Enflé par une
victoire qu'il croyait son ouvrage, il frappait
de mépris et de répulsion les principes de la
liberté politique, dont il n'avait d'ailleurs jamais été un ami chaud. Sa politique à l'égard
de la Grèce était dominée par l'idée fausse
qu'il s'était faite, d'accord avec l'Autriche, de
l'importance du maintien de la puissance
ottomane, comme contre-poids à la Russie;
il étayait cette rare théorie de projets de réforme, sur-tout dans le corps des janissaires,
de manière à devoir commencer par faire la
guerre à ceux-là mêmes sur lesquels on comptait pour la soutenir. Le temps a fait justice
de ces rêveries. Pour opposer la puissance
ottomane à la puissance russe, la première
condition était qu'elle existât : on a eu beau
la chercher, on n'a rien trouvé, et les corps
à réformer ont pris l'initiative et ont commencé par se débarrasser de leur réforma-
teur.

Malgré sa connivence avec la Sainte-Al-

liance, lord Londonderry ne se sentit pas
en état de ne pas désapprouver les principes
qu'elle avait émis au congrès de Troppau, et
dès que ce ministre a disparu, l'opinion véritable de l'Angleterre a forcé le ministère
de renoncer à ses liaisons avec les signataires
de Vérone et à changer entièrement sa marche à l'égard de la Grèce et de la Turquie.
Le ministère ne pouvait pas résister au
courant de cette opinion : avec elle, il peut
tout ; sans elle, hors d'elle et encore mieux
contre elle, il se brise, il est perdu. C'est
pour s'être mis en harmonie avec elle,
qu'appuyé sur tous les sentimens et les plus
hauts intérêts nationaux, c'est-à-dire sur
toute la force de l'Angleterre, le ministre
s'est trouvé investi du pouvoir qui lui a permis de se prononcer, comme il l'a fait, dans
l'affaire de l'Espagne :

Trois points forment donc le fonds indéfectible de la politique anglaise :

1°. Le maintien de la paix sur le Continent ;

2°. La défense des principes sociaux et
des libertés publiques dans tout l'univers ;

3°. L'opposition constante à tout pouvoir
susceptible d'opprimer le Continent. Dans

l'ordre de la propriété, l'Angleterre n'a plus rien à acquérir: elle en est surchargée, saturée ; ce qu'elle pourrait y ajouter, serait imperceptible au milieu de tant de richesses ou même embarrassant pour elle ; c'est une très-bonne position pour s'opposer aux envahissemens des autres, que de n'avoir rien à demander pour soi, et l'Angleterre en est là : et comme elle a su juger que tout commerce devait désormais être réglé par la liberté et la réciprocité ; qu'un peuple ne peut jamais avoir à gagner dans l'appauvrissement d'un autre peuple, elle jugera de même que sa sûreté et sa grandeur, loin de lui commander le sacrifice des autres peuples, l'invite au contraire à les protéger dans leur liberté et à favoriser l'accroissement de leur bien-être. Ainsi aura été substituée une politique large, humaine, sociale à la politique étroite et antisociale qui a trop souvent régné jusqu'ici. A qui le monde sera-t-il redevable de l'apparition de ce signe consolant qui lui fut trop long-temps caché et inconnu? A la civilisation : tout cela n'est que son ouvrage. Voyez où en sont les peuples inférieurs en civilisation et si c'est chez eux qu'il faut chercher de pareils appuis pour l'humanité.

Nota. J'ai à réparer un oubli, il porte sur un article trop important pour que son omission ne me laissât pas de regrets.

L'*État de l'Angleterre pour* 1821 porte que, dans le cours de cette année, la taxe des pauvres, qui s'élève à 200,000,000, est diminuée de près de moitié. Quel allégement pour la nation! quelle diminution d'embarras pour le gouvernement! quelle preuve de la puissance du travail et de l'amélioration de l'état intérieur du pays!... Dans ce moment, l'Angleterre cherche à restreindre, par la législation relative au mariage, la multiplication des classes qui ne peuvent qu'ajouter au nombre des prolétaires. C'est une grande idée qui exigera le difficile accord des droits de la liberté dans ce qui la rapproche le plus de ceux que la nature donne, avec le besoin de la tranquillité publique.... Se proposer un pareil problème, est, par soi-même, une chose honorable.

# CHAPITRE V.

## LA RUSSIE.

L'on voit quelquefois dans des ouvrages de pure imagination une enchanteresse qui, d'un coup de baguette, fait passer d'un lieu enchanté au fond d'un affreux désert : palais, êtres brillans, jeunes et gracieux, qui les peuplaient ; feux qui les remplissaient de leur éclat, doux sons qui les faisaient retentir, images du plaisir et du bonheur, tout a disparu, tout a fui, la solitude et son horreur, le silence et son effroi, voilà tout ce qui reste : tel est le passage de l'Angleterre à la Russie, ces fleuves d'or qui coulent chez la première. Ces arts qui prélèvent des tributs sur l'univers ; ces pavillons qui couvrent tous ses contours et toutes les mers ; ce peuple saturé de toutes les jouissances de la vie, si avancé dans la civilisation, si favorisé par ses institutions, si facile à blesser dans des intérêts répandus sur la surface du

globe, et comme confiés à la bonne foi de
l'univers : tout cet édifice de richesse, de civilisation, de besoin de tempéramens dans
l'usage de sa force ; tout cela a disparu et se
trouve remplacé par un pouvoir immense
dans ses moyens de nuire et qu'aucune main
ne peut atteindre ni réprimer. Ici, comme
dans l'ancienne Thrace, il n'y a que du fer,
des soldats, instrumens redoutables, tournés
contre l'Europe : c'est sous cet aspect que la
Russie se présente aux regards et que nous
allons examiner ce pouvoir colossal dont d'é-
tranges circonstances ont imposé au monde
le fardeau.

## TERRITOIRE.

Quelle est l'étendue du territoire occupé
par la Russie? Elle correspond à la septième
partie du globe. Comment est-il borné? Au
Nord par le pôle, à l'Est par la muraille de
la Chine, à l'Ouest par l'Autriche et par la
Prusse, au Midi par les montagnes et les
mers de l'Asie, le Caucase, la mer Noire et le
Danube. La Pologne est l'avant-mur de ce
formidable empire, il faut la traverser avant
d'atteindre un territoire vraiment russe d'o-

rigine : celui-ci ne commence qu'au Bory-
sthène et à la Dwina : l'occupation de la Pologne a fait entrer la Russie dans le corps
même de l'Europe ; elle lui a donné la facilité d'avancer ses arsenaux jusque sur les
frontières de l'Allemagne ; auparavant elle devait tirer tous ses approvisionnemens militaires du cœur même de ses états , ce qui
rendait ses expéditions plus lentes , plus
coûteuses et moins sûres : au lieu que , par
la possession de la Pologne , elle peut former ces établissemens sur la Vistule et le
Bug. Zamosk , Modlin , Varsovie , Bobruich ,
et d'autres lieux encore , lui serviront de ligne frontière et de dépôts militaires ; cet objet est bien important pour elle : il est évident
que la Russie finira par prendre la Vistule
comme limite naturelle. Cette rivière a un
cours direct, prolongé depuis les monts Kra-
pak jusqu'à la mer Baltique. La nature des
choses amènera le changement ou le redressement de ce que des amitiés créées par des circonstances que rien ne ramènera plus, ont fait
établir. Tout état puissant a une tendance
indéfectible vers l'appropriation en sa faveur
de certains objets , le temps et les occasions
avancent ou reculent l'époque du résultat ;

mais elle arrive. C'est ainsi que la Finlande a fini par être incorporée à la Russie, la Normandie et la Bretagne à la France, et Venise à l'Autriche. Avec le temps la Vistule, dans tout son cours, sera la frontière russe; tout ce qui la dépasse servira de compensation pour ce qui serait abandonné sur la rive droite de ce fleuve: cet arrangement donnera une barrière qui manque de ce côté; car, parmi tous les maux qui ont été admis avec la cession de la Pologne, le plus grand est qu'on ait permis à la Russie de franchir la Vistule. Elle devrait lui servir de frontière et de défense à l'Europe du côté de l'Allemagne.

La situation et la formation actuelle de la Russie font qu'elle n'a plus aucun voisinage inquiétant; la conquête de la Finlande l'a délivrée de celui de la Suède, son antique rivale et sa constante surveillante. La Turquis n'a plus de pouvoir, elle ne peut plus se faire craindre, aujourd'hui c'est à elle de craindre. La Russie est placée si avant dans les états prussiens, depuis l'Oder jusqu'au Niemen, que, par un simple mouvement sur la droite, elle sépare un tiers de la Prusse du corps même de la monarchie prussienne. Cette position subordonne la Prusse à la

Russie, autant que le fait par elle-même l'i-
négalité de leurs forces respectives.

L'Autriche, dont la puissance est supérieure à celle de la Prusse, n'est cependant
pas un voisin dangereux pour la Russie; il
règne une grande inégalité de forces entre
les deux états. L'Autriche a toujours été une
puissance mal délimitée; elle l'est particu-
lièrement à l'égard de la Russie, et ce défaut
de frontières fortifiées forme une complica-
tion fâcheuse dans sa politique vis-à-vis de
la Russie; celle-ci peut ouvrir la guerre à
cinquante lieues de Vienne, entrer en Mo-
ravie, d'où les chemins sont ouverts jusqu'à
la capitale : Olmutz et Brunn ne sont pas en
état d'arrêter une armée russe.

La Russie n'a donc pour voisins que des
politiques effrayés et des vassaux tremblans.

La Russie est défendue par son climat,
par son éloignement du reste du monde;
elle a pour elle l'espace et le temps; chez
elle on arrive fatigué aux pieds d'un rempart
de glaces. Les ombres de Charles XII et de
Napoléon errent devant ses frontières comme
des spectres chargés de rappeler aux témérai-
res le sort qui les attend dans ces contrées
funestes; terrible privilége dont la nature l'a

dotée! on ne peut jamais aller lui rendre le mal qu'elle peut toujours venir faire. Dites en quel nombre, en quel temps, sur quels points vous irez la frapper. Les espaces sont si vastes que la plus grande armée, la plus formidable par le talent et par la bravoure, celle de Napoléon, finit par ne ressembler sur la carte de la Russie, qu'à une traînée de fourmis gravissant une montagne. Une petite armée ne peut rien contre la Russie, elle est comme si elle n'était pas; une grande ne peut pas subsister, l'étendue du territoire permet de tourner les ailes des assaillans, de couper leurs communications; les subsistances manquent, leur transport est pénible; on se trouve dans des mers de sable; d'éternelles forêts de sapins noircissent l'horizon; une population farouche fuit ou s'arme à l'aspect de l'étranger: mœurs, langage, alimens, tout diffère de l'Europe; c'est un autre univers; un printemps tardif touche à un hiver précoce; le peu de mois propres à l'action se consume à s'approcher des frontières, et quand on y touche, l'aiguillon des aquilons vient bientôt engourdir les bras des assaillans et ensevelir sous des montagnes de neige les travaux de la campagne;

les frimas, vengeurs de la Russie, plongent
dans un sommeil de glace; tout s'éteint, tout
expire sous ce ciel impitoyable : telle est
une guerre contre la Russie. Voyez si par là
la nature ne l'a pas déclarée inattaquable,
inabordable, si elle n'y tient pas toujours
ouverts des tombeaux pour ses ennemis.

## POPULATION.

Elle n'est pas connue comme celle des pays
tout-à-fait civilisés : la population des hordes
qui errent dans les vastes solitudes de l'Asie,
dans le Caucase et la Russie méridionale, ne
peut pas être constatée; le mode d'existence
de ces peuplades est soustrait aux règles em-
ployées pour connaître la population fixée.
En Russie, il n'y a d'actes publics propres à
constater la population que pour les sujets
du rit grec; en se bornant à la population
de la Russie européenne et polonaise, on ne
court pas risque de se tromper en la portant
à cinquante millions d'hommes : dans le but
de cet écrit, qui est de constater la force respective de la Russie et de l'Angleterre, il est
juste de faire entrer les Polonais dans l'évaluation de la population russe; car, quelle que

soit l'origine des soldats de la Russie, ils n'en sont pas moins une partie de sa force ; et comme les Polonais obéissent à la volonté de la Russie et suivent ses commandemens ; comme leurs drapeaux sont inséparables des siens, de quelque couleur qu'ils puissent être, il s'ensuit qu'il faut compter les Polonais dans cette population qui coopère à l'action de la Russie sur l'Europe : ainsi nous nous en tiendrons au calcul de cinquante millions d'hommes comme formant le fonds de la population russe ; c'est celle qui contribue à l'action du gouvernement, et la seule dont nous ayons à nous occuper.

Mais dans un sujet tel que celui qui nous occupe, sujet qui pour une moitié est composé du temps présent et pour l'autre du temps à venir, ce n'est pas seulement de la population actuellement existante qu'il faut s'occuper ; mais on doit encore voir dans l'avenir ces générations que tout concourra à créer dans ce vaste empire : il naît à peine à la civilisation, mais elle ne lui refusera aucun de ses bienfaits ; mais si son absence ne l'a pas empêché d'acquérir cette population, voyez ce que fera sa présence : deux grands exemples sont devant nos yeux. Pétersbourg compte quatre cent mille habitans, aux lieux qui , il n'y a guère plus d'un siècle , ne présentaient que des huttes de pêcheurs. Odessa, création de quarante ans, atteint une population de cinquante mille âmes, et dans cent ans, il en aura deux cent mille ; tout est préparé pour les y faire naître et pour les recevoir. La Crimée, purgée de ses pâtres errans et dévastateurs, acquerra la population qui résulte toujours de la fixité de l'homme, de la présence du laboureur, de l'exploitation d'un sol fertile sous un climat favorable à la culture et sur de beaux rivages ; les villes, ensevelies dans la poussière poétique de la Tauride, se relèveront de leurs ruines, et décoreront de nouveau des rivages qui ne seront plus ensanglantés par des cultes homicides. Partout où un homme et une femme peuvent trouver un champ capable de les nourrir, il se bâtit une maison et il se fait un mariage, a dit un des chefs de l'école économiste. La mesure des subsistances est la mesure de la population , a dit de son côté le docteur Malthus, et avec raison ; car, sans subsistances, comment vivrait-on et peuplerait-on ? et comment, avec des subsistances, ne pas vivre et ne pas peupler ? Alors où est

l'obstacle? Cela s'appliquera à la Russie,
comme nous voyons qu'il a lieu aux États-
Unis et en Irlande. La Russie jouit, sous ces
rapports, de tous les avantages qui ont donné
un si grand essor à la population américaine;
comme l'Amérique, la Russie possède une
étendue immense, des territoires fertiles, une
multitude de grands cours d'eau, chose toujours favorable à la population. On confond
dans la dénomination générale de la Russie
des attributs territoriaux qui n'ont aucun rapport entre eux; il y a unité dans l'ordre politique, mais non pas dans l'ordre naturel :
au nom de la Russie, se présentent tout de
suite à l'imagination les frimas et un ciel
inclément, tandis qu'une grande partie de ce
vaste pays est située dans la latitude la plus
propice à tous les genres de productions et
admet tous les fruits du midi de l'Europe;
la vigne croît dans le midi de la Russie
comme en France. Lors donc que la civilisation, avec son cortége ordinaire, les arts, la
science, le commerce, les bonnes méthodes
curatives, un régime meilleur, viendra fé-
conder la Russie, et animer tous les germes
de vie que la barbarie retient comme morts
dans son sein, on verra la population de ce

pays croître, comme elle l'a fait aux États-
Unis : qui pourrait l'en empêcher? On n'en
aperçoit aucune cause raisonnable : c'est
dans cet état inévitable d'accroissement, c'est
dans un lointain plus rapproché cependant
que l'on ne le croit communément, qu'il
faut considérer la population russe relativement à l'Europe, et qu'il faut voir comment ce développement lui imposera chaque
jour un nouveau fardeau. Comme il n'est
pas bien difficile de constater un progrès
dans la population de la France, de l'Angleterre, de l'Autriche, de même il n'est pas plus
difficile de juger que ce progrès est nécessairement lent, parce que dans les lieux où
presque toutes les places se trouvent prises,
il y a des limites nécessaires pour le nombre
des survenans, et que beaucoup de *fins de
non recevoir* peuvent leur être opposées ; au
lieu que dans des espaces vides, tels que ceux
qui se rencontrent en Russie, ainsi qu'aux
États-Unis, on ne peut assigner aucune limite pour l'accroissement d'une population
toujours assurée de sa subsistance, et qu'aucun voisinage gênant ne resserre : par conséquent la population russe pourra arriver,
avec le temps, à cent millions d'hommes,

comme il est calculé qu'elle doit être dans les États-Unis dans un espace de cent vingt ans. Tous les mobiles qui feront la population américaine, militent en faveur de la population russe ; toutes les deux suivront d'un pas égal la marche du temps et celle de la civilisation.

## CIVILISATION.

Le défaut principal de toutes les évaluations est de prendre seulement dans le temps présent l'objet de ses estimations, comme s'il devait rester stationnaire, et conserver à jamais son existence présente : les corps inanimés peuvent seuls être soumis à cette appréciation ; mais tout ce qui pense, voit, veut, agit et marche, n'est pas régi par cette règle ; là, comme il y a du moral, il y a aussi de la vie, du mouvement, la susceptibilité d'acquérir, d'imiter, de profiter de ce qu'on voit, de tout ce qui existe, et de se placer au niveau du reste du monde.

La civilisation ne fait que de naître en Russie, cela est vrai ; aussi n'est-ce pas de cela que j'ai à m'occuper, mais seulement de savoir si la Russie est susceptible de rece-

voir toute la civilisation existante par-tout
ailleurs ; si déjà elle n'est pas fortement empreinte de civilisation ; enfin si, dans la partie
de la civilisation relativement la plus importante entre les états, la Russie n'est pas
sur un pied parfaitement égal avec tous les
autres états, cela seul nous importe à connaître. S'il résulte de l'examen que nous
poursuivons, que la Russie possède déjà et
atteindra infailliblement ce degré de civilisation qui place les autres peuples à un niveau commun, sur-tout dans la partie la plus
essentielle, qui est la guerre, dès-lors il sera
évident que la civilisation de la Russie est suffisante pour elle et contre les autres. Or, à
quel titre lui refuser ces attributs, soit pour
le présent, soit dans l'avenir ? Le peuple
russe n'est pas disgracié de la nature plus
qu'un autre, il est sain d'esprit comme de
corps : les chefs et les officiers des armées
russes, que la guerre a amenés dans nos contrées, ne le cédaient en rien aux militaires
des autres armées européennes ; leur extérieur, leur instruction ne laissaient rien à désirer. En quoi cette foule de voyageurs russes
que l'amour de la science ou celui du plaisir
attire vers les contrés méridionales de l'Eu-

rope, sont-ils inférieurs aux peuples qu'ils visitent? N'ont-ils pas l'air d'être nés à Athènes, comme les Athéniens mêmes? Que ne produira pas parmi le peuple le riche butin que ces abeilles savantes rapportent chaque année en Russie? Une cour brillante et polie, des princes amis des arts, la culture de ceux-ci, l'établissement des écoles, qui a lieu par-tout dans cet empire, l'imitation des modèles les plus parfaits, les voyages et le commerce, tous ces grands agens de la civilisation, devenus communs à la Russie avec le reste du monde, placeront les Russes au nombre des peuples civilisés et donneront à leur puissance tous les développemens qu'il est dans la nature de la civilisation de produire et de favoriser. C'est le plus puissant stimulant des sociétés, et la Russie ressentira, comme les autres, la force de son aiguillon, c'est elle qui achèvera de développer sa puissance. Loin donc cette espèce de formule qui a l'air obligée quand on parle de la Russie et qui fait toujours joindre au nom des Russes celui de barbares du Nord, cela est aussi contraire à la courtoisie qu'à la raison. Plût au ciel que les Russes fussent encore barbares et que la vérité permît de les appeler ainsi ! Ce n'est pas leur barbarie qui m'épouvante, mais leur civilisation. Quatre-vingt mille Russes encore barbares fuient à *Narva* devant les huit mille soldats de Charles XII : leur frayeur, s'exprimant à la manière des barbares, chargeait saint Nicolas de la responsabilité de leur déroute ; quelques années après, ces mêmes hommes, introduits par *Pierre* dans la civilisation, associés aux arts, pliés à la discipline de l'Europe, renversent les vainqueurs de *Narva* et deviennent les vainqueurs de ceux qui leur avaient servi de maîtres : depuis ce temps, ils sont restés les maîtres de leurs instituteurs et de beaucoup d'autres avec eux. Les Russes barbares ne seraient pas venus deux fois à Paris, c'est la civilisation qui leur en a ouvert les chemins. Les Russes, égaux en barbarie avec les Turcs, n'effrayaient pas Constantinople ; les Russes civilisés ont renversé le trône des Sultans sur leur croissant à demi brisé. Les Polonais subjuguèrent Moskow encore barbare, Moskow civilisé a soumis Varsovie ; mais c'est sur-tout dans l'ordre militaire que la civilisation a fait faire à la Russie les plus grands pas et les plus menaçans pour l'Europe.

## ARMÉE RUSSE.

Au delà de la Vistule, tombe un rideau derrière lequel il est fort difficile de bien voir ce qui se passe dans l'intérieur de l'empire russe. A la manière de l'Orient, dont il a reçu l'origine et pris les mœurs, le gouvernement russe est concentré dans le cabinet du prince ; il parle seul, n'écrit guère et ne publie rien : avec un pays ainsi constitué pour tout dérober à la connaissance du public, on est à-peu-près réduit à des conjectures ; c'est aussi d'après elles seulement que l'on peut parler de l'armée russe. D'après les conjectures et l'opinion vulgaire, elle s'élèverait à un million d'hommes, la grande armée de Napoléon ne dépassait pas huit cent mille hommes ; mais à défaut de compte positif, on peut assurer que cette armée est immense : c'est tout ce qu'on l'on sait de certain à son égard. Elle puise, pour se recruter, dans une population de cinquante millions d'hommes. Rien ne gêne la volonté du souverain dans ce qu'il peut exiger d'elle ; le pays abonde en chevaux , comme en matériel de guerre de toute espèce ; l'homme est robuste, brave, dévoué; les chefs sont fort éclairés ; toutes les méthodes savantes de l'Europe ont été adoptées par eux. Les armées russes réunissent donc au plus haut degré tout ce qui est propre à les rendre redoutables : *en cela se trouve* le grand danger de l'Europe. Cent mille Polonais, braves et beaux soldats, qui ont déposé en mille lieux des certificats de leur courage, forment l'avant-garde de cette redoutable armée; des colonies militaires et destinées à couvrir les frontières russes sont établies : on travaille dans l'intérieur de ce pays; le soldat est une machine fortement organisée et régulièrement obéissante à des chefs habiles. Rome accomplit la conquête du monde avec des Gaulois et des Germains conduits par des têtes romaines. A Pharsale, des cavaliers germains guidés par *César* changèrent la face du monde en donnant un maître à Rome; les légions d'Illyrie donnèrent plusieurs fois l'Empire.

La Russie n'a point de voisinage qui l'oblige à diviser ses forces; d'ailleurs elles sont si grandes par elles-mêmes, qu'elle peut suffire à tout : elle peut donc les tenir réunies sur le front de l'empire en face de l'Europe; elle ouvre la guerre à quarante lieues de

Berlin, à cinquante de Vienne, à quelques milles de Stockholm: on ne peut point l'attaquer chez elle, ni lui infliger aucun mal sensible; elle n'a ni commerce maritime, ni colonies, ni aucun objet précieux saisissable qui puisse servir de compensation ou de rançon à ce qu'elle peut s'approprier aux dépens d'autrui : la Russie n'a pas beaucoup à s'embarrasser de la promenade d'une flotte anglaise dans la Baltique, vain appareil, et dont on a tort de s'épouvanter. Dites, fut-il jamais un corps plus robuste et plus invulnérable? N'est-ce pas un vrai désespoir?

## POLITIQUE DE LA RUSSIE.

La politique doit suivre la nature de l'état, celui-ci est entièrement continental, sa politique doit l'être aussi. Depuis *Pierre-le-Grand* jusqu'à ce jour, la politique de la Russie n'a pas cessé d'être conquérante; on dirait que depuis un siècle entier son cabinet n'a été composé que d'un seul et même homme, tant il n'a eu qu'une seule et même pensée, celle de l'agrandissement méthodique : cette persévérance a conduit la Russie du fond de ses déserts à la racine des grands états de l'Eu-

rope. Que ne lui a pas valu cette constance?
La Russie était loin du Danube et de la mer
du Nord. Pierre-le-Grand faisait-il, il y a
cent ans, le siége d'Azoff; maintenant la
Russie occupe la Crimée et la Bessarabie
tout entière : les Tartares, qui tant de fois
ravagèrent la Russie, qui si long-temps l'in-
quiétèrent, sont exterminés, chassés, ou soumis et fixés; la Finlande a fini par lui être
réunie. Il fallait un chemin à la Russie vers
le Continent, la Pologne y mettait obstacle,
elle a disparu. Dans ses conflits comme
dans ses épanchemens avec Napoléon, l'é-
clat était pour celui-ci, le solide pour la
Russie; car il a tout perdu, et elle a tout
gagné, l'empire lui est resté. Ces envahissemens successifs ont amené la Russie au milieu de l'Europe, à la porte des grands états;
elle ne peut plus faire un pas en avant sans
déranger l'ordre général de l'Europe; elle
ne peut plus gagner que du côté de la Valachie et de la Moldavie, en occupant ces principautés, soit toute seule, soit concurrem-
ment avec l'Autriche, comme elles firent
pour la Pologne, et en portant définitive-
ment sa frontière au Danube. Ce dernier pas
n'aurait rien de nuisible au bien-être de l'Eu-

rope, et mettrait fin à des querelles sans cesse renaissantes pour des provinces qui ne servent à rien aux Turcs, et qui troublent l'Europe sans aucun intérêt pour elle ; mais dans aucun cas l'Europe ne peut pas tolérer que la Russie fasse un pas, un seul pas au-delà du Danube ; c'est ce qui rend si vide de sens tout ce qui se dit sur l'occupation de Constantinople par les Russes : on ne s'aperçoit pas qu'alors l'on parle d'une guerre générale en Europe. Depuis 1799, la Russie est intervenue cinq fois avec ses armées dans les affaires du midi de l'Europe. Depuis ce temps, elle a toujours paru à la tête de la politique régulatrice du Continent ; elle a de nombreuses alliances de famille dans les cours de l'Allemagne, elle y exerce donc de l'influence. On sent bien que la Russie ne demandera pas le sol même des états voisins ; mais elle demandera la considération principale et le premier crédit dans l'ordre politique : ainsi si elle ne se fait pas le conquérant de l'Europe, elle ne peut pas ne pas s'en *faire le régent*, et tout ce qui se passe dans cette contrée le prouve : du reste, la Russie avait accompli son œuvre à l'époque du Congrès de Vienne. Partie principale dans

la fédération qui avait abattu Napoléon, elle
ne pouvait pas être exclue de la décision des
intérêts que sa chute tenait indécis ; mais
cela fait, l'Europe devait se resserrer et
comme se refermer, et se concerter pour
interdire toute participation dans ses affaires à une puissance qui n'y a pas un intérêt
direct, et qui a la force de faire pencher la
balance au gré de tous ses intérêts. Au nombre des reproches que l'on a adressés à tort
ou à raison à quelques parties de la Sainte-
Alliance, j'ajouterai, avec sécurité de jugement, celui d'imprudence, pour avoir introduit la Russie dans la décision des affaires du
midi de l'Europe. La Russie appelée, invoquée pour juger Naples et le Piémont, cela
se conçoit-il ? Le plus pressant intérêt européen est d'empêcher que l'Allemagne ne devienne pas le grand chemin des armées russes, et on va le leur ouvrir ! on les y appelle !
on fait juge de paix de l'Europe le maître
d'un million de soldats, pour lesquels le sé-
jour du midi de l'Europe, la jouissance de
fruits inconnus dans leurs climats est la plus
douce des récompenses, le plus puissant attrait ! Que peut promettre de mieux un empereur de Russie à ses serviteurs de Novogorod

on d'Archangel, que de leur promettre le soleil et les fruits de la France, de l'Autriche ou
de l'Espagne. Ceux qui ont appelé la Russie à
la signature de tous ces actes, avec les meilleures intentions, ont signé l'acte de tutelle
de l'Europe. Le cheval appelle l'homme pour
le venger du cerf, il reste dans sa dépendance.
Le poëte a dit avec raison :

*Nec hominem dorso, nec frenum repulit ore.*

Marius eut beau exterminer les Cimbres
et les Teutons, le Nord était ébranlé dans ses
fondemens ; il répandit ses entrailles dévo-
rantes sur l'Europe, et depuis quinze cents
ans nous sommes occupés à nous débarrasser du limon déposé sur notre sol par ces
épouvantables éruptions. Combien d'intérêts
de crainte ou d'ambition ne peuvent-elles pas
ramener au milieu de l'Europe ces redoutables interventions de la Russie ? Ce sont
elles qui ont perdu la Pologne ; elle a péri
par de perfides médiations, le glaive a com-
plété l'œuvre des négociateurs. Au temps du
Bas-Empire, ne vit-on pas des ministres per-
vers introduire au cœur de l'Empire les barbares qu'ils devaient en écarter ? Qui peut

calculer la marche des ambitions ou celle
des intérêts dirigés contre la morale ou la
raison? Je sais qu'on m'objectera que la Russie est loin, qu'elle n'a pas d'argent, et que
la modération réglera l'exercice de son pouvoir ; c'est un aveu de l'existence de ce pouvoir
démesuré, colossal, qui pèse sur tous, 1°. la
Russie n'est plus loin depuis qu'elle occupe le
duché de Varsovie ; elle est moins éloignée
qu'une grande partie de la monarchie prussienne et autrichienne. Elle est loin de l'Espagne et de l'Italie, il est vrai ; mais elle ne
l'est pas de l'Allemagne, et ses armées, qui
n'ont pas d'ennemis à contenir, peuvent être
disposées de manière à rester en très-grande
partie disponibles contre le front de l'Europe qui lui est opposé. La Russie peut faire
sur la Vistule et le Bug, la Narrew et le Niemen tous les établissemens militaires qu'auparavant elle n'avait qu'au cœur du territoire
russe.

2°. La Russie n'est pas riche d'argent ; mais
elle est riche de tout ce que l'on n'a qu'avec de
l'argent, de tout le matériel de guerre, qui
coûte beaucoup d'argent; chez elle, il abonde;
la guerre nourrirait son armée, et quand on
est beaucoup plus fort que les autres, on est

bien près d'être maître de leur argent. D'ailleurs, la création du crédit public a donné aux états qui peuvent montrer des bases pour le crédit tout l'argent qu'ils ne possèdent pas ; car pour avoir ce crédit, il ne s'agit, pour eux, que de produire ses fondemens. Le crédit de chaque état est fixé comme celui des marchandises communes, on sait ce que chacun vaut. Un grand état, un état prépondérant ne manquera jamais de cette partie de crédit qui lui est nécessaire pour agir ; il imposera toujours de manière à pouvoir servir les intérêts et l'amortissement, qui sont les conditions inséparables des emprunts et du crédit, mais qui en sont aussi les limites ; car ils n'exigent rien au-delà, et l'état qui remplit ses engagemens n'est jamais tenu au remboursement. Ainsi le défaut d'argent ne peut être objecté comme un empêchement au déploiement des forces de la Russie ; au contraire, plus elle en déploiera, plus elle pourra entrer en partage de l'argent des autres.

3°. La modération dans le pouvoir est une chose fort rare, que la politique admet peu et dont il serait fort honorable pour la Russie de montrer le modèle ; ce serait d'autant plus méritoire pour elle, que la tentation contraire pourrait être plus forte: ce n'est pas tout que d'être le plus fort, on veut de plus paraître et être réputé le plus juste. La force, dans sa brutale nudité, se ferait honte à elle-même, elle a de plus le besoin de revêtir de nobles apparences; la force est subtile, captieuse, et un million de soldats couvrent beaucoup de défauts de logique ou de sincérité. Dans cet écrit, nous traitons des choses et non des hommes, d'un pouvoir établi et non pas d'intentions variables et passagères : le ciel a mis sur le trône de Russie, au faîte de ce grand pouvoir, un homme rare, créateur lui-même d'une partie de cette force; la garantie de l'usage qu'il en fera est dans sa vertu : l'Europe a donc pour garantie le fort intérieur d'un homme; mais qui garantit aussi que son âme magnanime passera à ses successeurs avec son sceptre? Ne peut-on pas appliquer à cette garantie de l'Europe, puisée dans les seules dispositions morales du maître de ce pouvoir, ce que, dans un de ces entretiens où la vertu répondait au génie, l'empereur Alexandre dit, avec un accent de douleur, à madame de Staël qui lui adressait des choses flatteuses sur le bien que son peuple devait recevoir de lui :

*En cela je ne suis qu'un accident heureux*, lui dit-il, pour exprimer que les meilleures intentions ne supléent pas au défaut d'institutions. Ainsi ceque le souverain d'un jour aura fait, celui du lendemain le défera. Alors que devient la garantie? Les hommes sont changés, mais le pouvoir est resté; il dormait, on va le réveiller; il protégeait, il va attaquer, blesser, renverser : et qu'on n'en appelle pas à des terreurs irréfléchies ou bien intéressées. Pierre III ne débuta-t-il pas par passer sous les drapeaux de Frédéric, qu'Elisabeth, à laquelle il devait tout, n'avait pas cessé de combattre? Catherine n'a-t-elle pas fini par faire son pensionnaire, et pas trop bien payé, de celui dont elle avait fait un roi? Paul I<sup>er</sup>. a-t-il pu résister à la fantaisie de se faire grand-maitre de Malte? N'avait-il pas formé la coalition maritime du Nord contre l'Angleterre, sous l'inspiration et en faveur de la France qu'il combattait un an auparavant? Après ces exemples, créez des pouvoirs excessifs et fiez-vous à la constance de la modération de leur usage. Il est dans la nature du pouvoir d'agir dans la mesure de son étendue; il est décevant, corrupteur; il traine après lui un cortége inévitable de mauvaises passions, qui

le flattent pour en profiter et qui sont toujours
disposées à lui prêter ce qui lui manquerait,
par sa nature, pour se séduire ou pour s'aveu-
gler lui-même. Dire que ce pouvoir sera toujours immense et toujours modéré, c'est dire
qu'il ne sera plus le pouvoir ou qu'il ne sera
plus exercé par des hommes.

## GOUVERNEMENT DE LA RUSSIE.

Il est enfant de l'Asie, le prince le concentre
tout entier en lui-même. Sa pensée règne
seule, sa bouche seule ordonne, tous les bras
sont à son service : plus libre qu'aucun autre prince, il peut disposer même de ce qui
par-tout ailleurs est placé en dehors du pouvoir du souverain, car il règle la succession
à l'empire ; la légitimité est dans sa volonté
et dans la désignation qu'il a le droit de faire
du successeur de l'empire. Le Sultan est
borné par la loi de son pays, l'empereur de
Russie est plus affranchi de toute contrainte
que le maître de Constantinople : celui-ci
est bridé par une loi écrite, venue du ciel,
inscrite dans l'esprit des sujets, faisant leur
code et leurs lois. Rien de pareil n'existe en
Russie : elle a eu ses sterlitz comme Cons-

tantinople a ses janissaires, mais elle a su
les soumettre et les effacer; elle a eu ses ca-
tastrophes de palais, mais un sénat dirigeant
pèse moins qu'un corps d'ulemas; la civilisation n'existe encore en Russie que dans les
hautes classes: ces nombreux intermédiaires
qui se trouvent, dans les autres pays de l'Europe, entre le faîte de la société et le peuple,
ne sont pas encore créés en Russie; le *tiers-
état est à peine né*, les mœurs du fonds de la
nation sont fort rudes et il n'est pas prouvé
que si le sang sarmate revivait avec force dans
les veines d'un prince russe, le peuple ne s'y
reconnût pas et ne le préférât, à cause de la
ressemblance avec le sien propre. En Russie,
nulle opinion publique, nulle manifestation
légale, nulle réclamation, nul droit reconnu
au peuple : les idées du despotisme oriental
vivent et s'exécutent dans toute leur rigueur
et des soldats, machines serviles, pèsent sur
les libertés des habitans autant que sur la
politique des étrangers. Tel est le gouvernement de la Russie sous le rapport qui nous
intéresse, celui de la direction qu'il ne peut
éviter de donner à son pouvoir et dont l'effet
doit se faire ressentir à l'Europe. Il est évident que là il ne se trouve rien pour les li-

bertés publiques de l'Europe et qu'au contraire le principe de son gouvernement y est
opposé. On l'a vu à Troppau, à Laybach et
à Vérone. Là on n'a rien dissimulé, et le
langage tenu dans ces lieux a provoqué les
réclamations de l'Angleterre, et dans ce moment il a, comme Janus, ouvert les portes
à la guerre.

# RÉSUMÉ.

L'ANGLETERRE et la Russie sont les deux puissances prépondérantes de l'Europe;

Elles exercent sur cette contrée un protectorat qu'aucun ne peut décliner;

Toutes les deux sont inattaquables sur leur propre sol.

La population de l'Angleterre ne peut pas croître de manière à peser sur l'Europe,

Celle de la Russie peut l'écraser.

L'Angleterre peut enlever à ses ennemis quelque partie de leurs richesses,

La Russie peut enlever l'existence même.

L'Angleterre ne peut agir ni seule ni directement sur le Continent,

La Russie le serre de près dans un grand nombre de points, et ne peut être combattue par un seul; à peine une coalition suffirait-elle pour lui résister.

L'Angleterre est vulnérable dans son commerce, et l'étendue de celui-ci la force à des ménagemens envers les autres états;

La Russie n'a point de commerce extérieur qui l'expose à de grandes pertes ; la
Russie n'a aucun des freins que porte l'Angleterre.

L'Angleterre a pour but de sa politique
de s'opposer à celui qui pourrait ou qui voudrait dominer le Continent ; elle veille aux
libertés politiques de l'Europe ;

La Russie est ce pouvoir dominateur ; en-
nemie née des libertés de l'Europe, c'est sa
nécessité.

L'Angleterre est régulièrement constituée,

La Russie l'est despotiquement et asiati-
quement.

L'Angleterre reconnaît une opinion et des
institutions propres à former un système
fixe, à le faire suivre, à ramener le gouvernement quand il erre ;

La Russie est gouvernée par une volonté
unique, passagère, versatile de sa nature,
hors de toute remontrance et de toute répression.

L'Angleterre est, par ses institutions, la
protectrice des libertés du genre humain ;
si elles périssaient par-tout ailleurs, on les
retrouverait en Angleterre ;

La Russie ne connaît pas encore le mot de

liberté, et son introducteur pourrait bien
aller en Sibérie; c'est encore tout ce qu'en
Russie on a jusqu'à ce jour appris à faire pour
les libertés humaines.

Européens, vous avez sous les yeux toutes
les pièces de cette grande cause, je n'en suis
que le rapporteur. Elle vous intéresse au
premier chef, c'est à ce titre que je l'expose
devant vous. Pas plus en bien qu'en mal, je
n'ai reçu ni n'attend rien des deux parties;
je n'ai qu'un intérêt, et cet intérêt c'est le vôtre. Il ne vous est plus donné de vous soustraire à l'une ou bien à l'autre de ces influences. Toute votre liberté se réduit à celle
de pouvoir faire un choix. Regardez avec
soin à celui que vous ferez; car ce n'est pas
une de ces choses avec lesquelles on puisse
jouer, que l'on soit libre de changer, de quit-
ter, de reprendre. Ici, tout est durable; c'est
un joug dont vous vous chargerez. Retenez
bien ce mot, car il renferme vos destinées.
Empêchez à tout prix que le centre de la
contrée que vous habitez ne devienne le
grand chemin des armées du nord vers le
midi de l'Europe. Gardez qu'un fol empres-
sement ne vous fasse trouver des *fourches
caudines* dans de fallacieuses protections.

Rappelez-vous comment Rome protégea les libertés de la Grèce et rabattit les folles joies que lui inspira d'abord son feint désintéressement. Abstenez-vous de haine; mais ne soyez pas un instant sans vigilance et sans prévoyance. Sur-tout que vos regards franchissent l'enceinte étroite du présent; qu'ils cherchent et atteignent l'avenir. Songez à votre postérité, elle aussi a droit à la liberté; songez aux libertés du genre humain; un grand combat s'est élevé au sein même de la famille humaine, il faut enfin savoir ce qu'est l'homme dans l'ordre social : votre décision lui assignera sa place définitive dans la chaîne des êtres, et lui fera manquer ou remplir la destination qu'il a reçue du Créateur.

*Sacra, suosque tibi commendat Troja penates.*

# TROISIÈME APERÇU

SUR

# LA GRÈCE.

# TROISIÈME APERÇU

SUR

# LA GRÈCE.

## CHAPITRE PREMIER.

### OBJET DE CET ÉCRIT.

C'est pour la troisième fois que j'écris sur la Grèce depuis sa révolution. J'ai pris celle-ci à son origine, j'ai tracé le tableau de ses premiers essais, je continue de la suivre dans son cours, en marquant ses diverses phases, et pour ainsi dire tous les pas qui doivent la conduire à son terme. C'est ainsi que j'ai procédé à l'égard de l'Amérique. J'indiquai d'abord les principes de l'ordre colonial, ensuite j'en fis l'application à la révolution active de l'Amérique. Je retraçai ses combats, ses revers, ses succès; j'indiquai son résultat inévitable, et ce ne fut qu'après l'avoir conduit jusque-là, que je m'en séparai. Alors l'Amérique était assez grande pour aller seule, et il faut reconnaître que depuis elle a fait de fort grands pas. Je fais de même pour la Grèce. C'est le même travail que je poursuis.

Dans mes écrits précédens (*), il a été dit que le début de la révolution de la Grèce serait laborieux, et traversé par beaucoup d'obstacles soit au dedans soit au dehors ; que si cette révolution parvenait à se soutenir et à franchir les premières difficultés, elle finirait par prévaloir : aujourd'hui il faut montrer par les faits jusqu'à quel point ce pronostic s'est vérifié ; et s'il s'est réalisé, il ne sera pas contraire à la droite raison ni même à la justice de demander, à ce titre, quelque croyance pour les annonces que l'on pourra se permettre encore. Le succès forme les véritables lettres de créance de l'écrivain politique : s'il a bien jugé le passé, fiez-vous à lui sur l'avenir ; s'il s'est égaré, s'il a été démenti par les faits, réservez votre confiance pour les événemens eux-mêmes, ceux-

_____

(*) *L'Europe et l'Amérique en* 1821 ; *De la Grèce dans ses rapports avec l'Europe.* Chez Béchet aîné.

ci ne vous tromperont point. J'ai donc à trai-
ter de la nature véritable de la révolution de
la Grèce, de la date précise de sa naissance,
de ses progrès et de son résultat probable ; je
dois tirer de ces prémisses une conséquence,
celle de la double action de cette révolution
sur la politique de l'Europe, et de la politique de l'Europe sur elle.

On sent que dans une discussion portée à
ce degré de généralité, il ne peut se trouver
que désir de servir la vérité, l'humanité et
l'Europe. Ne cherchez pas à cette hauteur
les intentions hostiles, ce n'est pas là qu'elles
habitent.

# CHAPITRE II.

### NATURE ET DATE VÉRITABLE DE LA RÉVOLUTION GRECQUE.

Le seul besoin de dissiper autant qu'il est en moi une erreur soit réelle, soit factice et intéressée, à laquelle on ne cesse de revenir pour incriminer la révolution de la Grèce, ou pour justifier le déni de secours que la voix de l'univers chrétien et civilisé réclamait pour elle, m'engage à revenir sur ce que j'ai dit de la révolution de la Grèce. On parle de la nature de celle-ci, comme on a fait de celles de France, d'Espagne et d'Amérique : toutes, à entendre les hommes qui s'élèvent, à divers titres, contre ces révolutions, ne sont que des produits de trames révolutionnaires. *A Laybach, on a déclaré que la révolution de la Grèce était la suite des machinations qui ont bouleversé l'Occident* : ainsi cette révolution ne serait pas née du sol même de la Grèce, mais elle y aurait été importée par des

mains ennemies de la tranquillité de l'Europe
et occupées à la troubler; on a été plus loin, s'il
est possible : car, réunissant comme dans un
même faisceau toutes les révolutions de notre
âge dans les deux mondes, *depuis l'Orénoque
jusqu'au Bosphore,* on les a montrées comme
sortantes d'un même atelier de conspiration,
dont les trames embrassent à-la-fois l'Europe
et l'Amérique. Certes elle serait grande et
puissante la conspiration qui, d'une main
soulèverait l'Amérique, et d'une autre ébran-
lerait l'Europe : cet Hercule n'a pas encore
apparu sur la scène du monde, et n'y sera jamais placé que par les imaginations qui font
les frais de sa création. Qu'est-il besoin de
recourir à des causes occultes et détournées
quand les plus naturelles et les plus éviden-
tes se présentent en foule devant nos yeux?
Qu'est-il besoin de demander à la nuit ce
que le jour nous montre éclatant de lumière?
Il n'est besoin d'aucun effort d'esprit, mais
seulement de ne pas résister à la droite raison, pour reconnaître la véritable nature
de la révolution de la Grèce. Rien au monde
n'est plus frappant : elle se compose, 1°. du
grand mouvement du monde, de ce grand
drame de notre âge, dont cette révolution

forme une scène; 2°. de la lassitude des souffrances de la Grèce; 3°. de l'inégalité de sa population et de sa civilisation avec ses oppresseurs. Voilà les causes véritables de la révolution, qui s'explique ainsi dans l'ordre de
la raison et de la nature, sans aucun besoin
de recourir à une phantasmagorie accusa-
trice, telle que celle dans laquelle un parti,
à défaut d'aucune raison solide, puise toutes
ses armes. On dirait, à l'entendre, ou qu'il
n'y a jamais eu de révolution, ou que toutes,
pour être faites, ont eu besoin de *Catilinas*:
à les en croire, l'Europe, bien mieux, le
monde entier serait une *école catilinaire* dans
laquelle on ne serait occupé que de conspirations.

Il a été démontré cent fois que les révolutions actuelles se composent du changement
inévitable produit dans le monde par les progrès successifs de l'esprit humain depuis la
renaissance de l'ordre social, et sur-tout depuis l'époque des grandes découvertes qui
eurent lieu du quinzième au seizième siècle.
Depuis ce temps l'esprit humain n'a pas cessé
d'élever son vol dans la haute carrière où
il venait d'entrer, et après avoir épuisé tous
les sujets relatifs à la religion, à la littéra-

ture, il est retombé de toute sa force sur ce qui importe le plus à l'homme, l'ordre des sociétés au milieu desquelles celui–ci se trouve placé; l'homme social est devenu l'objet des spéculations les plus profondes et les plus constantes, tous les esprits se sont tournés vers cette étude; on a créé la science qui n'existait pas encore, on a voulu en faire l'application; on a voulu s'approprier ce que dans cet ordre social on découvrait existant et épars chez quelques peuples, la communication s'est établie entre tous, et de cette confrontation générale est sorti le désir, ou plutôt le besoin général de réformation qui tourmente tous les peuples, et qui fait très-naturellement les révolutions que l'on rapporte à des machinations, qui, il faut le dire, n'auraient pas le pouvoir de remuer deux villages: ces révolutions déplacent et contrarient beaucoup d'intérêts, cela est indispensable; ces intérêts résistent, de là les combats dont nous sommes témoins; une lutte s'est établie au sein de l'humanité, la famille humaine s'est divisée; toute communauté dans le langage, dans l'appréciation des choses a disparu, cela est déplorable, mais n'est pas nouveau; on l'avait vu quand l'ordre social éta-

bli par les lumières de la Grèce et de Rome fut
détruit par les barbares, quand, à son tour,
la féodalité céda au retour des lumières qui
commencèrent à éclairer l'Europe, et quand
la Réformation changea la face de la moitié
de l'Europe. La révolution française et toutes
celles qui en sont nées ne sont que la con-
tinuation et le complément de ce grand mouvement social commencé depuis des siècles,
accru par le travail accumulé des âges, et
qui, fort de tous ses progrès, a fini, depuis
quelques années, par redoubler de force et
de rapidité comme les corps en chute redou-
blent leur vitesse par la combinaison du poids
et de la distance. C'est la troisième fois que,
sous des formes différentes depuis 1500 ans,
le monde a vu la même révolution sociale, et
l'on en parle comme d'une chose nouvelle
et sans exemple. Quand la moitié du monde
s'est trouvée changée, la révolution de l'autre moitié a été beaucoup plus facile et plus
inévitable que lorsque le changement était
concentré dans un lieu isolé, ou bien soustrait
aux regards des autres partis, ainsi que cela
avait lieu avant la révolution. Cette opinion
n'est pas de nous : il est juste de la rapporter à ses auteurs véritables, les hommes

les plus éclairés du dernier siècle, les Ro-
bertson, les Hume, les Montesquieu, et cent
autres encore dont l'œil perçant a découvert les mobiles cachés dans le sein des sociétés, et dont la voix pure et sonore l'a
annoncé à l'univers. C'est à cette école
classique qu'il faut demander les causes
primitives du mouvement de la Grèce, et
elle répondra qu'il n'est que la suite du
mouvement même de l'univers, qu'il est
impossible, dans l'étendue qu'il a acquise, d'y
mettre une barrière, et qu'il était également
impossible qu'il ne fût pas aperçu par ceux
que des obstacles avaient empêchés jusque-là d'y prendre part, et qui devaient as-
pirer de s'y associer, en raison de ce qu'ils
pouvaient avoir à souffrir, comme aussi en
raison de leur inégalité relative de force et
de civilisation avec leurs maîtres. Or, telle
s'est trouvée être la position de la Grèce, et
c'est la réunion de toutes ces causes qui
donne à la révolution de ce pays son caractère véritable, et qui rejette loin d'elle toutes
les suppositions de trames et de complots,
ou bien, si l'on veut absolument des conspirations, qui les place, non pas dans les
hommes, mais dans la nature des choses, qui

toutes conspiraient pour amener cet événement, sans avoir besoin d'aucun aide ou appui de conjuré. Ici, le Catilina, c'est la nature.

Une des maladies de l'esprit humain est la facilité à se détourner des voies droites et claires pour les voies tortueuses et obscures, et de se tourmenter pour trouver péniblement l'explication de problèmes dont la solution, quand elle n'est cherchée que dans la nature des choses, vient s'offrir d'elle-même. Les hommes ont comme une répugnance naturelle pour les choses simples et recourent volontiers à ce qui est composé, et difficile pour leur intelligence.

La Grèce a donc été portée vers sa révolution par le mobile que l'on peut dire commun au monde entier; elle a de plus été excitée par des circonstances qui lui sont particulières et que nous allons indiquer: que l'on ait dit loin du théâtre où, depuis plusieurs siècles, les exterminateurs de Scio chassent devant eux avec le sabre et le bâton une population tremblante par l'habitude de traitemens inhumains; que l'on ait dit *que la Grèce, qui avait presque usé ses fers à force de les porter, a béni tout-*

*à-coup l'avis de sa servitude et a appelé sur elle la vengeance implacable de son maître endormi*, la vérité repousse çes apologies des plaies faites à l'humanité, et l'incendie de Scio et de vingt autres lieux les éclaire d'une lueur sinistre. Non, des fers ne s'usent pas à force d'être portés, ils n'en deviennent que plus pesans : si cela pouvait être vrai, l'aggravation des peines démentirait l'intention des lois, en devenant avec le temps l'atténuation de ces mêmes peines : non, la Grèce n'avait pas besoin de recevoir du dehors l'avis de sa servitude, ses propres douleurs ne l'en avertissaient que trop. Il faudrait réserver pour des sujets moins lugubres cet art des antithèses et ne pas faire de l'esprit, au sein des jouissances d'une civilisation exquise, sur les souffrances de ceux qui vivent au sein de la barbarie; on ne pourrait recevoir le droit d'en parler ainsi, que du partage même de leur sort.

La vérité est que le sort des Grecs était celui d'hommes qui n'ont pas d'autres droits sociaux que la vie, eh! quelle vie encore! Une vie précaire, soumise à toutes les fantaisies d'hommes sans frein, parce qu'ils sont sans lumières; une vie considérée comme d'un moindre prix que celle du dernier de la nation dominatrice et de nature à ne pouvoir jamais être mise en parallèle avec celle d'aucun des maîtres; d'ailleurs aucun droit dans la cité, une propriété mal assurée par les lois, mal défendue par les magistrats, était tout ce qui revenait aux Grecs : quand ils étaient appelés à participer aux affaires, c'était seulement pour suppléer à la paresse ou à l'ignorance des Turcs; c'est ainsi qu'on les voit placés dans les emplois subalternes, pour lesquels il faut une éducation supérieure à celle que reçoivent les Turcs. Le commerce, il est vrai, était abandonné aux Grecs, mais comme il l'est chez les peuples barbares et qui n'honorent que les armes, c'est-à-dire comme une profession vile, à ce titre, bonne pour des Grecs, mais indigne des Musulmans : le commerce était attribué aux Grecs en Turquie, comme la culture des terres l'est aux Nègres dans les colonies. Pour peindre d'un seul mot l'état civil des Grecs en Turquie, je me bornerai à dire que si parmi nous, personne ne voudrait subir le gouvernement turc, comme simple sujet, d'ailleurs en ayant part à ses avantages, comment pourrait-on vouloir rester l'esclave même des Turcs? Or, tel était l'état des Grecs : ils n'avaient que le mal de leur position, ils n'étaient pas même admis à partager le peu de bien qui peut se trouver dans l'association turque : et puis accusez avec justice, d'après ce que prescrit l'humanité, les malheureux qui s'arment pour s'affranchir d'un pareil joug, sur-tout quand ils ont affaire à des maîtres avec lesquels il serait insensé de parler de redressement. Ce mot appartient à nos sociétés, dans lesquelles la remontrance et mille autres moyens s'offrent et sont admis pour obtenir des réparations; chez nous, la société tout entière milite en faveur de ce droit; mais en Turquie, c'est cette même société qui forme l'obstacle : car, pour obtenir d'elle des redressemens, ce serait elle qu'il faudrait commencer par réformer.

On a étrangement abusé du mot légitimité en faisant son application à l'état des Grecs envers le sultan, elle n'a pas gagné dans son transport à Constantinople. La légitimité, telle qu'elle existe dans les sociétés policées, formant un lien favorable au peuple comme aux princes, servant de sauvegarde à leurs droits respectifs et à leur tranquillité mutuelle, est un grand bienfait social, une propriété nationale; mais qu'est-ce que cela a de commun avec ce qui se passe dans ces lieux, où des classes d'hommes n'ont qu'une *existence permissive*, une tolérance d'existence, et la faculté de végéter à l'exemple et à côté des plantes? N'est-ce pas profaner la légitimité que de l'appliquer à un pareil ordre de servitude abjecte, inhumaine, antisociale, et n'est-ce pas réunir, dans un accord doublement malheureux, l'outrage pour les sujets de cette légitimité, et la diminution du respect pour elle-même? Dans le cas actuel, on a complétement déplacé la question. Le sultan est légitime pour les Turcs, avec lesquels il vit dans une société de lois civiles et religieuses; mais il n'est légitime pour les Grecs que comme un capitaine négrier l'est pour les hommes qu'il a volés aux rivages de l'Afrique. Si ceux-ci à leur tour s'emparaient du vaisseau, et ramenaient leur capteur en Afrique, dites : y aurait-il lieu d'en appeler à la légitimité et de la dire blessée? Des questions de cette nature ne veulent point être traitées de manière à être compromises; il est des noms par lesquels il faut s'abtenir de jurer en vain; autour d'eux, tout doit être clarté, invitation à la confiance, et fuite des contestations.

L'inégalité de la population et de la civilisation entre les Grecs et les Turcs a aussi
beaucoup contribué à la révolution grecque.

Dans la Turquie d'Europe, la population
grecque a toujours surpassé la population
turque; la proportion en faveur des Grecs est
encore plus sensible dans les îles de l'Archipel.
Quand les conquêtes se font dans un pays
peuplé, les conquérans, à moins qu'ils ne
soient exterminateurs, ne forment jamais
la population principale : elle est du côté
du peuple conquis. Cette inégalité se sou-
tient entre les deux populations sur-tout
quand un peuple ne se mêle point à l'autre par des alliances. C'est ce que font les
Turcs, que leur loi éloigne de tout mélange
avec tout ce qui n'est pas musulman. Les
Turcs sont comme campés en Grèce, ils occupent les lieux élevés, les châteaux forts,
comme postes de sûreté pour eux, et comme
propres à maîtriser le pays; les plaines sont
habitées par les Grecs, ainsi que les villes,
où ils remplissent tous les emplois du né-
goce et les autres services de la société : la
race grecque prospère et se multiplie; au
contraire, celle des Turcs, quoique robuste
et favorisée par la loi religieuse, tend à dé-

croître, et va comme en se desséchant ; c'est encore bien pire pour les degrés comparatifs de la civilisation entre les deux peuples : les Grecs sont dans une progression ascendante, et les Turcs dans une progression rétrograde, car elle est stationnaire, et en civilisation, qui n'avance pas à l'égal de tout le monde recule : car c'est reculer que de ne pas avancer avec les autres. Les Turcs de ce siècle ne diffèrent guère des Turcs des temps de Bajazet et d'Amurat : leur immutabilité provient de l'Orient, dont ils sont originaires, et de la religion, qui est aussi leur loi civile.

Quand la loi civile est à-la-fois la loi religieuse, elle participe de l'immutabilité de la religion ; pour changer, il faudrait changer la religion elle-même : alors c'est la société dans son essence qu'il faudrait changer pour arriver à quelque changement : l'immutabilité turque vient de cette grande et puissante cause. Les Grecs, comme les peuples chrétiens et occidentaux, sont affranchis de cette entrave, qui fixe et écroue, pour ainsi dire, les pas des Turcs aux lieux où ils sont arrêtés. Chez les premiers peuples, tout se passe dans l'ordre civil, et les change-

mens, ayant lieu hors de la religion, pour-
suivent leur cours sans les résistances que
celle-ci oppose toujours au changement. Les
Turcs, comme les Orientaux, ne connaissent
que la vie intérieure et privée : ils se per-
mettent rarement de sortir des lieux qui les
ont vus naître ; on ne les voit pas quittant
leur patrie rechercher ailleurs les connaissances qu'elle ne peut leur donner ; vivre à
part du monde et séquestrés, est leur bonheur et leur état habituel : au contraire, les
Grecs entrent dans la communion générale
des autres peuples, parmi lesquels ils aiment à
se répandre : amis de la science, ils fréquentent
les écoles étrangères, ils en établissent dans
leur propre patrie ; adonnés au commerce,
dont les Turcs, dans un dédain stupide
comme l'est tout fruit de l'orgueil, leur aban-
donnent les profits, les Grecs, par la force
même de cette profession, sont portés à s'instruire, car sans connaissances comment di-
rigeraient-ils leur commerce, et avec le commerce comment resteraient-ils sans connaissances? Ces deux choses ne se fortifient-elles
pas l'une par l'autre? Les principales villes
de l'Europe, avec leurs écoles, ne sont-elles
pas fréquentées par de jeunes Grecs qui vont

demander ses lumières à l'Europe, comme
l'antiquité vit leurs pères aller demander des
lois à la Crète et à l'Egypte? Le tableau des
objets propres à l'instruction, tels que les bi-
bliothèques, les écoles, les collections précieuses, qui dans Scio et dans beaucoup d'autres lieux ont péri par la main des Turcs, est
propre à donner une idée des richesses intel-
lectuelles qu'avaient rassemblées les Grecs ;
elles surpassent de beaucoup l'idée qu'on
avait eue jusqu'ici en Europe, sur les moyens
d'instruction répandus parmi les Grecs.

Les mobiles de la révolution grecque sont
donc bien certains. Elle est expliquée par
les causes les plus claires, parce qu'elles sont
les plus naturelles. Ce sont la lassitude du
joug, la supériorité en population et en civilisation ; les Grecs se sont sentis plus forts
que ceux auxquels ils n'avaient été soumis
que comme étant les plus faibles ; aucun
autre lien que la force n'existait entre eux, ils
l'ont rompu ; quand l'heure est arrivée, ils ont
fait ce que leur force nouvelle leur révélait
qu'ils pouvaient faire : c'est la scène de l'Amérique à l'égard de l'Espagne, transportée en
Grèce, non point par des carbonaris, mais par
la nature même des choses. Les Indiens sur-

passent infiniment en nombre les Anglais qui règnent chez eux , puisque la totalité de la population anglaise de l'Inde ne s'élève pas à quarante mille hommes : si à cette supériorité du nombre les Indiens joignaient l'égalité de la civilisation, il est évident que l'Inde cesserait aussitôt d'appartenir aux Anglais.... C'est la réunion de ces deux supériorités qui fait la supériorité respective d'un peuple sur un autre. Une seule ne suffit pas, comme on voit par l'exemple de l'Inde , dans laquelle quelques milliers d'Anglais supérieurs en civilisation suffisent pour contenir soixante millions d'Indiens ; mais élevez ces derniers à un degré de civilisation égal à celui où sont parvenus les Anglais, alors les deux mobiles jouant avec leur énergie naturelle et se prétant un appui mutuel, l'empire anglais disparaît dans l'Inde. Telle est toute la théorie des soustractions d'obéissance de peuple à peuple ; on en fait des conspirations, ce n'est pas autre chose que l'œuvre de la nature, elle seule a conspiré. On a accusé les Grecs comme rebelles, il est plus juste de les célébrer comme modèles de courage ; s'il doit être apprécié d'après les dangers qu'il fait braver , quand en court—

on de plus affreux qu'en bravant des ennemis étrangers à toutes les lois de l'humanité
et de l'honneur, tels que sont les Turcs? A
quels traitemens les Grecs ne se sont-ils pas
exposés volontairement en levant l'étendard
contre les Turcs, en provoquant leur fureur
à-la-fois comme rebelles et comme chrétiens? Quels traitemens la férocité de ces
hordes enflammées d'une double fureur ne
leur a-t-elle pas fait éprouver? L'histoire
en conservera le souvenir en caractères de
sang..... Voilà les sacrifices par lesquels les
Grecs ont accepté de passer pour arriver à la
liberté. Que sont les dangers des attaques
contre les gouvernemens dans l'Europe civi-
lisée, avec une religion et des mœurs qui
portent à la modération, en comparaison des
périls que fait courir une attaque contre des
hommes que la religion endurcit, et dont
la modération ne tempère pas la rudesse?
En passant de l'examen de ces premières
considérations à la recherche de la date véritable de l'insurrection grecque, nous trouverons qu'elle était d'une manière si visible
renfermée dans la nature des choses, que depuis plus d'un siècle elle a été promue par les
plus grands souverains, et de plus invoquée et

proclamée par les puissans génies de l'Europe. Pierre-le-Grand, le premier qui ait sapé la grandeur ottomane, avait porté ses regards sur la Grèce comme sur l'ennemi intérieur de l'empire turc et le plus propre à l'affaiblir. Catherine reprit ses projets, tant les hommes de génie s'entendent entre eux et ne laissent pas mutuellement périr leur ouvrage ; on l'a vue inciter les Grecs à se soulever, les aider de ses flottes, de ses trésors, de ses armées, et remplir la Grèce de ses agens ; on sait quelles inscriptions elle plaçait sur les arcs de triomphe qui jalonnaient la route de Constantinople ; on se rappelle les noms prophétiquement provocateurs qu'elle donnait à ses petits-fils, comme pour avertir les Grecs de *la venue prochaine de leurs nouveaux messies.* Au même temps, la voix harmonieuse qui s'était emparée de l'attention de l'Europe, celle de Voltaire, la remplissait de sons éclatans pour appeler la Grèce à la liberté, et pour invoquer en sa faveur le bras puissant de la grande souveraine du Nord. Voilà les premiers et illustres conspirateurs qui ont pris l'initiative dans cette grande cause. Si dès-lors elle n'a pas été mise à exécution, c'est que l'heure de la Grèce n'était pas encore arrivée : alors la Turquie était encore trop forte, et la Grèce encore trop faible ; mais lorsque les proportions ont été changées ; lorsque la Grèce s'est sentie forte de tous les moyens indispensables pour sa libération, elle l'a effectuée d'elle-même, et pour l'opérer, elle n'a eu besoin ni d'excitation ni de secours du dehors ; son heure était arrivée, comme celle de l'Amérique : rien n'avait pu la faire devancer, rien n'aurait pu l'empêcher d'éclore. Tel est le privilége de l'œuvre de la nature, dans tout elle conserve son indépendance, elle fait tout à son heure propre et n'accepte celle de personne. La révolution de la Grèce est son ouvrage direct, incontestable, et dans lequel les signes attachés à ses œuvres éclatent de toutes parts.... N'est-ce pas elle qui a voulu que l'empire du petit nombre sur le grand, du faible sur le fort, de l'ignorant sur le savant ne fût pas durable ? La révolution de la Grèce est-elle autre chose que ce retour à l'empire naturel que les supériorités ont toujours exercé et exerceront toujours parmi les hommes ? Montrer les supériorités sociales, n'est-ce pas montrer les maîtres de ces mêmes sociétés ? Toute la question de la Grèce se réduit à cela.

L'état relatif des Turcs avec les Grecs était une espèce de monde renversé, qui montrait ce qui était vivant et fort dominé par ce qui était faible et comme mort. Cet état ne pouvait être durable, et la révolution, en proclamant sa fin, n'a fait que prêter un organe à un fait existant, et le proclamer. S'il a été dit que le signe révolutionnaire avait apparu du côté de la Grèce, c'est une méprise qu'il faut déplorer et qui s'explique par l'habitude prise trop souvent de ne considérer les révolutions actuelles que comme des perturbations sociales, amenées par des machinations criminelles, tandis qu'elles ne sont presque toutes que des réformations sociales produites par le nouvel état du monde, et par l'effet nécessaire de la contemplation des changemens survenus en d'autres lieux. Comment la Grèce se serait-elle soustraite à toutes ces influences, elle qui, par la profondeur de ses douleurs, par la pesanteur et la vilité du joug qu'elle portait, par la faiblesse de ses oppresseurs, devait, plus que tout autre pays, être portée à faire chez elle ce qui avait réussi chez d'autres qui en avaient et moins de besoin et moins de moyens qu'elle? Rien ne blesse l'homme plus profondément,

rien ne l'irrite davantage que le sentiment
de l'oppression exercée par ce qu'il sent lui
être inférieur. Une domination de cette
nature le blesse dans la partie la plus sensible de son être, qui est son orgueil, et
lui rend cette domination insupportable. De
ce côté, rien ne manquait aux tourmens
que devait faire endurer aux Grecs la domination des Turcs : les Grecs n'avaient pas usé
leurs fers à force de les porter, seulement
la main des Turcs était devenue trop faible
pour les maintenir : ils sont tombés. Comment auraient-ils pu tenir ? Les Grecs les se-
couaient, et les Turcs ne pouvaient plus les
soutenir.

# CHAPITRE III.

## DEGRÉS DE LA RÉVOLUTION DE LA GRÈCE.

### *Premier degré.*

TOUTE origine est petite : telle a été celle de la révolution grecque, telle ne peut manquer d'être aussi toute insurrection contre un gouvernement régulièrement organisé. Tout le pouvoir est de son côté, seul il le possède : ceux qui l'attaquent doivent se créer des moyens semblables à ceux qu'il a dans sa main, prêts à être employés contre eux ; souvent ceux-ci ne possèdent que ce qu'ils lui dérobent : telle est la condition commune de presque toutes les grandes insurrections, celles d'un peuple contre son gouvernement. Comme toutes les révolutions, celle de la Grèce a commencé par quelques hommes seulement : pour se livrer à cette entreprise, ils ont rapproché trois idées, 1°. les souffrances des Grecs ; 2°. leur force et leur civilisation comparative avec celle des Turcs ; 3°. le mouvement du monde et l'appui qu'ils devaient trouver auprès de ceux dont cette révolution servirait les intérêts. C'est avec ces élémens qu'ils ont formé leur détermination et leur action. N'était-ce pas ainsi que les choses s'étaient passées en Amérique et en Hollande ? Adams, Franklin, Washington, après avoir observé attentivement l'état relatif des États-Unis avec l'Angleterre, reconnurent la possibilité de rompre avec elle. Ces hommes à vue longue et perçante ne s'en étaient point laissé imposer par la disproportion apparente des forces de l'Amérique avec celles de l'Angleterre ; ils avaient de plus su reconnaître le point faible du lien qui l'attachait à l'Angleterre, et le côté fort par lequel l'Amérique pouvait résister et finir par prévaloir : ils se dirigèrent d'après ces données, et les firent remarquer à leurs concitoyens, qui, frappés de cette lumière nouvelle, embrassèrent les plans de leurs nouveaux instituteurs politiques, les soutinrent de tous leurs moyens et finirent par les faire triompher.

En Hollande, les princes de la maison de Nassau avaient jugé avec la même sagacité la faiblesse de la puissance espagnole; ils firent reconnaître cette vérité par le peuple, ils lui montrèrent la facilité de s'affranchir à-la-fois d'elle et de tous les maux qu'elle leur causait. Par qui, dans le début, furent ils secondés? Qu'étaient leurs moyens, comparés avec ceux de l'Espagne, alors la première puissance de l'Europe? et cependant celle-ci fut obligée de céder. Quelques paysans commencèrent seuls la lutte qui fit perdre la Suisse à la maison d'Autriche et qui fonda la république helvétique. Qu'étaient ces hommes auprès des armées de leurs adversaires? Il en a été de même au début de la révolution grecque; ses commencemens ont été bien faibles : quelques hommes de poids, soit par leur âge, soit par leur consistance sociale dans leur patrie; quelques jeunes hommes revenus récemment des écoles de l'Europe, tels ont été les premiers moteurs et les premiers appuis de la cause des Grecs. D'ailleurs rien de ce qui peut soutenir de pareilles entreprises ne se trouvait parmi eux : armes, argent, soldats, munitions, tout manquait, hors le courage : les premières armes des Grecs ont été celles qu'ils ont prises à leurs ennemis. De toutes les révolutions venues à ma connaissance, je n'en sais pas une seule qui soit partie de plus loin que celle de la Grèce, et qui ait possédé moins de moyens de se soutenir. De plus, la révolution grecque étant faite entre des *égalitaires*, la division entre les chefs, fruit naturel des amours-propres et des ambitions de chacun, était de l'essence de cette révolution, et formait un de ses principaux dangers. D'un autre côté, la corruption, arme favorite des Orientaux, la menaçait de ses embuches ; c'est elle qui a livré au tranchant des cimeterres ottomans cette jeunesse brillante de savoir et de patriotisme, la fleur de la Grèce, qui suivait, à leur première apparition, les drapeaux de ce prince Ipsilanti, que les murs épais de quelques cachots étrangers dérobent aux regards de l'univers, étonné sans doute d'un droit des gens inconnu du monde entier.... D'ailleurs la révolution avait pris pour éclater le moment le moins propice pour son développement, celui dans lequel de grands souverains se déclaraient ennemis de toutes les révolutions de l'Occident. Les Grecs n'avaient ni postes fortifiés, ni organisation, ni arsenaux, rien enfin de ce qui constitue la

force réelle et ordinaire des gouvernemens.
Des hommes rassemblés à la hâte, armés au
hasard, qui devaient marcher à l'ennemi
avant d'avoir appris à combattre, guidés par
des chefs aussi novices que leurs soldats,
voilà tout ce que la Grèce possédait au début de la révolution. Elle était ainsi dépourvue de tout, exposée à tous les dangers intérieurs et extérieurs, contrariée par ses voisins d'Europe; elle n'avait pour elle que le
dévouement de ses appuis pour une cause
chère et sacrée : là se trouvait le pivot de sa
force, et celle-là supplée à beaucoup d'autres... J'en appelle à tous ceux qui ont suivi
les événemens : qui songeait à la Grèce au
moment où le bruit de sa révolution vint
frapper l'Europe étonnée? Qui ne l'a pas considérée alors comme une irruption de témérité, propre uniquement à appeler sur elle les
infaillibles châtimens d'un maître puissant?
Qui n'eût pas été taxé de folie, si dès lors il
eût annoncé comme possible la moitié seulement de ce que nous avons vu? Aussi avec
quels augures ironiquement sinistres la nouvelle de cette révolution ne fut-elle pas ac-
cueillie? Alors il faisait beau d'entendre les cris
insultans qui annonçaient la fuite des Grecs

à l'aspect du premier turban qui les menacerait; on les déclarait des êtres dégradés : car il
n'en coûte rien de faire les honneurs d'autrui,
et on élevait dans la même proportion la
puissance ottomane. Douter que dans un seul
jour elle ne dût anéantir tous les Grecs aurait
volontiers passé pour un blasphème inspiré
par le génie révolutionnaire. Le prestige de la
puissance visible est si fort, il agit tellement sur
la plus grande partie des esprits, qu'au delà
d'elle ils n'aperçoivent plus rien, et qu'ils
regardent son intervention comme décisive
en tout. Ils n'entrevoient point par de - là
cette limite les contre-poids que peuvent préparer à la puissance matérielle l'action des
forces morales qui peuvent lui être opposées, celle des vices intérieurs de cette même
puissance, et l'influence d'événemens inat-
tendus, dont le mélange vient presque toujours troubler ou même dénaturer les projets des hommes. Ceux qui laissaient tomber des regards de dédain ou de haine sur
le berceau de la révolution grecque avaient
oublié qu'en naissant les murs de la ville
éternelle étaient franchis par manière de jeu;
que les aigles romaines furent précédées par
quelques poignées de foin, premières en-

seignes de ces légions auxquelles la conquête du monde était réservée, et qu'un butin vil et grossier composa le premier élément de ces triomphes dont les rois en
personne et les dépouilles de Carthage et
d'Athènes finirent par faire les ornemens.
N'avons-nous pas vu la révolution d'Espagne,
qui a changé la face de la monarchie, commencer par quelques bataillons dans une
lutte incertaine et contestée pendant quelques mois? L'Amérique a commencé, contre
l'Angleterre et l'Espagne, dans un dénuement
égal à celui dans lequel la Grèce se trouvait quand elle a éclaté : cette révolution a
donc été très-faible dans son début. On avait
annoncé que si elle parvenait à franchir les
premières difficultés, à résister pendant un
temps, alors elle pourrait se soutenir et
même finir par prévaloir. Voyons jusqu'à
quel point cette annonce a été vérifiée, et
pour cela, après avoir exposé ce que cette
révolution a été dans son premier degré,
disons ce qu'elle est dans le second. Cet
examen nous conduira naturellement et par
là même très-légitimement à conclure ce
qu'elle sera dans le troisième.

*Second degré de la révolution de la Grèce.*

Quelques révolutions ont commencé avec des fourches et des bâtons et ont fini avec des armes dorées. Le vainqueur est l'héritier non pas seulement présomptif, mais effectif du vaincu. Les soldats d'Alexandre et de Charles XII sortirent de la Macédoine et de la Suède couverts de fer, en quittant la Perse et la Saxe ils étaient chargés d'or. (Voyez l'*Histoire de Charles XII*, par Voltaire.) Les Grecs ne sont pas encore aussi magnifiquement dotés, ce qui n'importe nullement à leurs succès, il suffit de constater s'ils possèdent ce qui leur manquait quand ils se sont lancés dans leur nouvelle carrière ; s'ils sont aujourd'hui moralement et militairement plus forts que les Turcs : or, cette vérité est de l'ordre de celles qui portent l'évidence avec elles.

Où s'est formée et a éclaté la révolution de la Grèce ? à l'extrémité de la péninsule, au fond du Péloponèse. Où se trouve-t-elle tout-à-l'heure ? en Thessalie, en Épire. Suivons sa marche : elle a commencé par la partie méridionale de la péninsule ; elle s'est élevée peu-à-peu vers le nord, et se trouve maintenant à la hauteur des provinces turques septentrionales. Le plat pays appartient aux Grecs ainsi que les défilés célèbres qui lient ensemble les deux parties de la Grèce, et que ses triomphes ont ennoblis dans l'histoire ; les Grecs ont pris ou bien tiennent assiégés les postes fortifiés qui ont appartenu ou qui appartiennent encore aux Turcs : Coron, Modon, Patras, Lépante sont de ce nombre, ainsi que la citadelle de Corinthe. Toute cette enveloppe de la péninsule est bloquée par les Grecs. Comme ils sont les maîtres de la mer, les Turcs ne peuvent pas troubler ces blocus : alors il leur est interdit de rentrer dans le Péloponèse, comme ils tentèrent de le faire au mois d'août 1822. Leur armée périt dans cette expédition, et ce sont ses débris que l'on tient assiégés dans Corinthe ; toutes ces places tomberont successivement et dans peu de temps. Les Grecs ont pris Napoli di Romani par un fait d'armes digne des plus beaux temps de l'ancienne Grèce. Dans cet état de choses, les forces grecques ont pu s'étendre et se porter avec plus de confiance vers les parties septentrionales ; elles sont autour de Larisse, elles occupent

Missolonghi et beaucoup d'autres points. Ne craignant plus pour leurs derrières, elles continueront à s'étendre vers le nord, et gagneront de proche en proche jusqu'à l'extrémité des possessions des Turcs en Europe.

Ce résultat est inévitable d'après ce qui s'est passé. Les Grecs encore novices ont battu les Turcs en toute rencontre, les armées de ceux-ci ont été dispersées et réduites à rien. Les Albanais, qui faisaient leur force principale, les ont abandonnés successivement, comme il est d'usage parmi ces peuplades, qui ne connaissent de liens que ceux de l'intérêt, et qui se détachent avec facilité de ceux que la fortune maltraite. Comme ils avaient l'habitude de voir la force et la domination du côté des Turcs, ils leur étaient restés attachés ; mais depuis qu'elles ont passé du côté de leurs adversaires, ils ont abandonné les premiers. C'est une très-grande perte pour les armées turques, et un grand avantage pour les Grecs. Les troupes turques les plus aguerries, les chefs les moins ignorans, car entre ces hommes il n'y a de comparaison qu'entre les divers degrés d'ignorance, ces chefs, tels que Chourschid-Pacha, et d'autres moins connus, ont péri ;

on n'aperçoit plus ni armée ni généraux du côté des Turcs ; cette guerre a dégénéré dans une guerre de partis, dans une vraie guerre de guerillas, agissant sans ordre, sans calcul, sans plans ; le nombre, l'ensemble, les plans se trouvent du côté des Grecs, ils ont gagné en proportion de ce qu'ont perdu leurs ennemis. Ainsi pendant que les armées turques se désorganisaient, se fondaient, perdaient leur *moral*, les troupes grecques se formaient régulièrement, s'instruisaient, se fortifiaient ; en commençant elles étaient faibles en nombre, en science, en moyens d'exécution ; les armées participaient de la faiblesse de la révolution elle-même qui ne faisait que de naître, aujourd'hui elles participent de toute la force que cette révolution a acquise ; les soldats se sont formés, comme les magistrats politiques se sont instruits ; les codes se sont formés comme les écoles militaires ; les réglemens se sont établis comme les arsenaux se sont remplis, en un mot l'organisation régulière, principe de toute force durable, s'est formée dans toutes les parties, et pendant que les Grecs l'organisaient, les Turcs la perdaient.

C'est cette gradation inverse qu'il faut bien

14

observer, et qui met *à la hausse* ceux qui avaient commencé par être *à la baisse*, et *à la baisse* ceux qui, dans le principe, étaient *à la hausse*; c'est ce qui arrive dans toutes les révolutions destinées à s'établir et à durer. Si elles ne prennent pas le dessus sur leurs ennemis, elles périssent; leur infériorité est placée à l'époque de leur ouverture, c'est leur moment critique; dès qu'elles l'ont franchi, elles prennent la supériorité, ou bien elles disparaissent : ainsi ont fait les deux Amériques, la Hollande et la Suisse : inférieures au début de leur révolution, celles-ci ont fini par acquérir la supériorité qui a fait reconnaître leur indépendance, car le pouvoir ne reconnaît pas *son inférieur*, mais seulement *son supérieur*. Les Grecs et les Turcs se trouvent donc dans une position entièrement contraire à celle dans laquelle leur lutte s'est ouverte. Sur mer, les affaires des Turcs ont encore plus décliné que sur terre; on a vu des nacelles, comme échappées de quelques rochers dont le nom était inconnu à l'Europe, braver les citadelles flottantes sorties des arsenaux de Constantinople, et porter l'incendie, la mort et l'alarme dans ces flottes devant lesquelles des calomnia-

teurs salariés disaient qu'elles n'oseraient pas
se montrer : deux fois les rivages ottomans
ont été éclairés par les feux de leurs vaisseaux incendiés ; deux fois ils ont retenti par
l'explosion de leurs flancs entr'ouverts par
des mains audacieuses ; la mer a rejeté sur
la terre ottomane le conducteur de cette flotte
vengeresse attendue par le Croissant, elle a
défendu à son sein de servir de sépulture à
l'exterminateur de *Scio*. Aujourd'hui l'Archipel n'aperçoit plus d'autre pavillon que
celui de la croix ; le pavillon ottoman est réduit à demander des asiles aux lieux dont la
nature ou l'art défendent l'accès. Les Grecs
éprouvent, comme il est inévitable, des
privations qui n'atteignent point les gouvernemens complétement organisés, mais
les Turcs sont-ils dans une meilleure position ? Il ne s'agit pas d'un bien absolu, mais
d'un état relatif, comme il doit être seul
amené en discussion dans toute espèce de
contestation. Les Grecs peuvent manquer
d'argent ; mais ce manquement les a-t-il
empêchés de devenir ce qu'ils sont ? Mais les
Turcs sont-ils mieux qu'eux sous ce rapport ?
N'a-t-on pas vu, dans les derniers temps, l'empire ottoman être obligé de recourir à la

mesure dictée par l'ignorance, de hausser le titre des monnaies? On avait en Europe représenté comme inépuisables les trésors du sultan : eh! quel est le trésor inépuisable ? Est-ce celui que pourvoient les rapines, l'assassinat? Tuer pour s'approprier la dépouille est un mauvais élément de richesse ; les muets et les sabres ne battent pas long-temps monnaie : il n'y a que deux bons pourvoyeurs de finances, le travail volontaire, libre et continu des peuples, et la régularité dans le gouvernement économe : avec cela on va loin, et le trésor est toujours plein, au lieu qu'avec les méthodes financières en usage en Turquie, les assassinats fiscaux commis par le prince ne lui fournissent qu'une richesse aussi précaire qu'elle est criminelle. Les Turcs sont tout aussi pauvres que peuvent l'être les Grecs, et dans cet état, tout, sous ce rapport, est égal entre eux ; mais ce qui ne l'est pas, et ce qui est d'un grand poids dans les affaires, c'est l'état de l'opinion : elle a subi un déplacement complet ; à l'ouverture de la querelle, elle était entièrement du côté des Turcs, elle a passé de celui des Grecs : alors tout était confiance du côté des Turcs, aujourd'hui tout y est défiance, crainte de l'ennemi que l'on avait méprisé, ombrage de l'avenir; en un mot tous les sentimens qui naissent naturellement de celui de l'infériorité constatée et de la faiblesse éprouvée : parmi les Grecs, un sentiment tout contraire doit ajouter à la confiance et exciter l'enthousiasme; le souvenir de ce qu'ils ont fait avec leurs premiers moyens doit porter les Grecs à croire qu'ils pourront faire bien davantage avec les moyens dont ils se trouvent pourvus, et cette disposition morale met le sceau à tous les avantages qu'ils ont sur les Turcs, et leur permet d'arriver avec promptitude et sûreté au troisième degré de leur révolution, celui qui la terminera, et dont nous avons à nous occuper dans ce moment.

### Troisième degré de la révolution des Grecs.

Il résulte de ce qui vient d'être dit que la révolution de la Grèce a pris le dessus sur la résistance qu'on lui a opposée jusqu'ici. Les assaillans sont devenus les plus forts, de plus ils sont les plus habiles : comme ils appartiennent aux peuples civilisés, ils ont pu profiter; au contraire leurs adversaires, appartenant à des peuples barbares, n'ont profité de rien pour améliorer leur état, et à la manière des barbares, quand l'emploi de la force brute à laquelle ils rapportent tout leur a manqué, ils se sont livrés au découragement et à leurs superstitions ordinaires. Au commencement de la lutte, c'étaient les Turcs qui étaient organisés et les Grecs qui étaient désorganisés; aujourd'hui ce sont les Grecs qui sont organisés, et les Turcs qui ne le sont plus : les armées grecques sont devenues plus nombreuses, celles des Turcs le sont devenues moins; les Grecs ont acquis de l'instruction; ils ont conquis des armes, des places de sûreté; leur marine a abymé la marine turque; celle-ci ne recommencera plus en Morée les débarquemens qui lui ont si mal réussi en 1822 : la Grèce aura donc toute la liberté nécessaire pour porter ses armes et étendre ses opérations dans le nord de la péninsule. On ne voit pas ce que les Turcs peuvent leur opposer dans le cours de cette campagne, car ils n'ont plus d'armée. Les blocus achèveront la reddition des places maritimes de la Morée, alors les armées grecques n'auront plus qu'à purger de Turcs l'espace qui s'étend jusqu'au Danube. On les verra occuper Salonique, et quelques réclamations que cette conjecture puisse exciter de la part d'hommes distraits, peut-être, avant la fin de l'année, la Grèce aura-t-elle donné à l'Europe étonnée le spectacle d'un nouveau siége de Constantinople, et celui de la vengeance du dernier des Constantins. La révolution grecque ne sera complète que lorsqu'elle atteindra à-la-fois les rives du Bosphore et du Danube : là est sa barrière, là est le repos, qui pourrait s'y opposer? Une populace armée, des soldats sans discipline, sans art, sans chefs? Trente mille vrais soldats aborderont toujours, avec la confiance de la victoire, cent mille Turcs tels que sont ceux de nos jours ; et ces cent mille Turcs où sont-ils? Il n'y a rien dans cet empire cadavéreux de la Turquie; tout y est mort et pourriture : c'est le colosse aux pieds d'argile, dont la hauteur ne peut pas couvrir la faiblesse, ni faire redouter l'attaque; il est ébranlé dans sa base, il va tomber, renversé par les mains libres des Grecs, par celles auxquelles la nature des choses a remis le soin glorieux de sa destruction. Qui pourrait le soutenir? La populace armée siége dans les conseils du sultan; l'horreur a fait

fuir les alliés; la voix de l'humanité et de l'Europe empêchera qui que ce soit de se souil-
ler de l'opprobre de la défense de cet empire gangrené de vices et tombant en lam-
beaux. D'ailleurs les peuples finissant restent
seuls et ne trouvent pas plus d'amis que les
hommes que la fortune précipite de son char.

La révolution grecque est donc arrivée à
son troisième degré et touche à son terme :
ce serait beaucoup si l'année actuelle n'en
voyait pas la fin; car elle n'a plus d'obstacles
véritables à surmonter. Dans son premier
degré, elle a subi les épreuves attachées au
début de toute action semblable; dans le
second degré, elle en a triomphé; dans le
troisième, elle arrivera à son terme. Ainsi,
dans l'espace de trois ans, aura été consommé
un changement qui donnera à l'Europe sociale un membre nouveau, et qui rendra à un
peuple infortuné son existence antique, en
le replaçant dans la possession des mêmes
lieux qui avaient servi de siége à la gloire de
ses pères. Cette révolution aura été rapide,
il est vrai; mais voyez l'Amérique changée
en quelques années, et l'Espagne avec le Portugal dans *quelques jours.*

# CHAPITRE IV.

## DE LA RÉVOLUTION GRECQUE PAR RAPPORT A L'EUROPE.

Mais ce n'est pas tout que d'avoir indiqué l'origine, les progrès et le terme de la révolution de la Grèce, il faut de plus dire quel sera son résultat sur la politique générale de l'Europe, et c'est là le rapport le plus important de toute cette question ; c'est ce résultat qui donne le prix principal à cette révolution, et qui doit faire considérer ses divers actes comme les moyens d'obtenir ce qu'il a d'avantageux pour elle. L'Europe est tourmentée d'un sentiment pénible, et malheureusement trop fondé en raison, celui de sa mauvaise organisation politique. Du fond du Nord s'est élevé un géant d'une stature effrayante, avec un corps recouvert d'une armure impénétrable donnée par la nature, d'un poids oppresseur pour tout ce qui l'environne, d'une influence qui se fait ressentir au loin comme

de près, capable d'exercer la régence là où il
s'abstient de l'empire, et qui par sa pression,
même involontaire, dérange toute l'action
politique du Continent ; on voit celui-ci agité
d'inquiétude et de terreur, affectant la confiance par la crainte, l'amour par la feinte, chercher péniblement les allégemens soit d'un pesant protectorat, soit d'une attitude contrainte
et défiante pour l'avenir. Si le Continent n'a
pas encore reçu de la Russie un mal direct et
matériel, il a du moins le mal de la peur, et
une peur habituelle est un grand mal, un mal
très-sensible : la Russie a banni de l'Europe la
sécurité politique, celle-ci se sent réduite à
regretter l'empire de Napoléon, que du moins
l'on pouvait atteindre, et à regretter la perte
de son ouvrage, qui devait fixer au loin le
pouvoir qui aujourd'hui cause l'effroi universel et trouble la pensée de l'avenir. Dans
cet état de choses, ce qui peut arriver de plus
favorable aux intérêts de l'Europe et de
plus secourable dans sa triste position, c'est
sans doute la survenance d'un pouvoir capable d'ajouter à ses moyens de résistance
contre le pouvoir supérieur qui la gêne, en
attendant qu'il l'opprime. La Russie pèse
sur toutes les parties du Continent ; les pla-

ces sont tellement prises dans celui-ci, les positions sont tellement entrées et comme enchevêtrées les unes dans les autres, qu'un seul déplacement y ferait courir le risque d'un grand nombre d'autres : aussi n'est-ce pas sur cette partie du Continent que la Russie peut agir directement, mais sur la partie méridionale de son empire, celle qui touche à la Turquie. Observons que, par la pente naturelle des choses, les grands intérêts de la Russie se déplacent, et passent du Nord au Midi : c'est la loi de la nature, qui a voulu que le Midi attirât toujours le Nord, et que lui-même n'y remontât jamais. Quand la Suède était une grande puissance militaire rivale de la Russie ; quand la Pologne subsistait en corps d'état turbulent, les affaires de la Russie étaient au Nord. Alors Pierre-le-Grand bâtissait Pétersbourg, et y fixait le siége de l'empire : l'idée répondait aux besoins du temps. A cette époque, la Russie ne possédait pas les provinces méridionales qu'elle a ajoutées à ses propriétés ; la mer Noire, la Méditerranée lui importaient peu ; le commerce n'était pas né chez elle, il était encore faible en Europe ; mais depuis qu'il a pris par-tout un vaste essor, et qu'il est entré même en

Russie; depuis que celle-ci a acquis la Crimée
et les provinces du midi de la Pologne ; depuis que Catherine a commencé les fonda-
tions de grandes cités dans des contrées d'un
climat heureux et d'un sol fertile, les affaires de la Russie ont pris insensiblement la
direction du Midi, et l'idée du czar Pierre,
en plaçant Pétersbourg à l'extrémité de ce
vaste empire, a perdu de sa vérité par le
cours du temps : la Russie se trouve donc
avoir acquis de grands intérêts dans le midi
de l'Europe, et cette acquisition doit lui faire
diriger son influence principale de ce côté;
aussi a-t-on vu ses ministres à Constantinople prendre un ton presque aussi haut que
celui que ses ambassadeurs affectaient à Varsovie. La Russie est autant, sinon plus, occupée de la Méditerranée que de la Baltique;
mais si son pouvoir vient à s'agrandir dans
cette partie, à s'y faire sentir avec le même
poids qu'il le fait au nord et au centre de
l'Europe, il reçoit par là un accroissement
désespérant pour ce qui reste de liberté en
Europe : il est donc du plus grand intérêt de
celle-ci qu'il existe de ce côté un pouvoir
qui puisse arrêter ce nouvel empiétement;
mais où se trouvait ce pouvoir avant la ré-

volution de la Grèce? Dans la Turquie? Croire l'y reconnaître, compter sur elle, vouloir et espérer de s'en servir, serait un déplacement d'idées, un transport des choses d'un temps aux choses d'un autre temps, ce que l'on appelle un véritable anachronisme. La Turquie a rempli en effet cette destination; mais par le cours des événemens qui ont élevé la puissance russe, et qui ont déprimé la sienne; par les progrès que la Russie a faits dans la civilisation, et par l'absence de toute espèce de progrès de la part de la Turquie, celle-ci n'est plus en état de remplir l'emploi de barrière du Midi contre la Russie. Comment ceux qui n'ont pas su se défendre contre des insurgés grecs pourraient-ils arrêter le torrent de la Russie? L'expérience vient d'être faite sur une assez grande échelle pour qu'aucune méprise ne soit plus possible.

Par conséquent la survenance de la révolution grecque, destinée à faire remplacer un membre mort du corps de l'Europe par un membre doué de tous les attributs de la jeunesse, entre très-avant dans les intérêts de l'Europe, et sous ce rapport je ne puis que répéter ce que j'ai avancé dans mes écrits antérieurs, c'est que la révolution de la Grèce est un coup du sort en faveur de l'Europe, une véritable bonne fortune qui sembla ménagée par son bon génie, et qui vient lui offrir et lui donner sans frais ce qu'elle cherchait bien inutilement en Turquie, et ce que sans cette révolution elle n'aurait jamais trouvé. Ce changement sera doublement avantageux pour l'Europe; car elle lui donnera deux défenseurs, au lieu d'un, du côté où la Russie pèse le plus, et par là la résistance se trouvera proportionnée à la pression; car les Turcs ne feront que repasser en Asie: en perdant la Grèce, ils quitteront l'Europe, il est vrai, mais ils ne périront point pour cela; ils garderont leur empire asiatique, qui s'étend sur toute la côte de la mer Noire opposée à la Russie, et sur toute la côte asiatique de la Méditerranée: par conséquent les abords de cette mer et les chemins qui y mènent auront un double gardien, l'un en Grèce, et l'autre en Asie; les forces des Turcs étant concentrées en Asie, seront susceptibles d'agir avec plus de vigueur qu'elles ne le font en étant éparses sur un plus grand espace. Dans tout ceci, on ne voit pas trop ce que perd la Turquie; mais on sent très-bien ce que gagne l'Europe. On

pourrait même dire que, dans ce système,
la Grèce deviendrait le soutien de la Turquie
contre la Russie, à la merci de laquelle elle
est livrée aujourd'hui ; car alors la Russie
serait l'ennemi commun des deux états, et
ceux-ci auraient par là même un intérêt direct à se soutenir mutuellement contre elle.
C'est ainsi qu'en creusant les questions, en
recherchant leurs différentes faces, on finit
par y découvrir des rapports nouveaux, et
par y reconnaître que souvent les hommes
voient des pertes dans ce qui est susceptible
de leur apporter des avantages, et par défaut de réflexions suffisantes, se battent pour
des objets qui seraient faits pour les rappro-
cher et pour les réunir.

Mais pour que ce grand bien soit complet,
il est indispensable que le nouvel état de la
Grèce s'étende depuis la pointe de la Morée
jusqu'au Danube et au Bosphore, en y comprenant toutes les principautés et toutes les
peuplades qui reconnaissent la souveraineté
ottomane ; plus cet état sera compacte, plus
il sera propre à remplir sa destination, qui
est de contribuer à la défense générale de
l'Europe contre le pouvoir qui la domine.
C'est principalement sous ce rapport que

j'aperçois, que j'analyse et que je préconise
la révolution de la Grèce : ma pensée est
tout entière celle d'un ami des libertés de
l'Europe ; j'apporte pour elle, dans cette recherche, le même désir de liberté que je montre, dans tous mes écrits, pour la liberté des
hommes les uns à l'égard des autres. La liberté politique du monde est aussi précieuse
à mes yeux que celle de chaque individu en
particulier. Dès le premier abord, cette question m'est apparue sous ce jour, et c'est pour
la faire luire également aux yeux de ceux qui
peuvent n'avoir pas aperçu le côté d'utilité
européenne de cette révolution, que je vais
dire quelle a été la politique de l'Europe à
son égard.

# CHAPITRE V.

### PROCÉDÉS ET POLITIQUE DES PUISSANCES A L'ÉGARD DE LA RÉVOLUTION GRECQUE.

Il faut distinguer entre les procédés dont les puissances européennes ont usé à l'égard de la révolution grecque, et la politique qu'elles ont suivie envers elle : ce sont deux choses fort différentes : l'une s'applique aux hommes et l'autre aux choses; même dans la première, il peut y avoir encore quelques distinctions à faire, soit par rapport aux époques, soit par rapport à la personne ou bien à l'action politique des Grecs, j'expliquerai ma pensée, ce qui fait que les procédés ont été alternativement bons et mauvais, et qu'ils ont laissé les esprits incertains sur les intentions véritables de leurs auteurs.

La révolution éclate en Grèce, un mouvement électrique se communique à l'Europe ; d'horribles barbaries sont commises par les Turcs, c'est leur usage, leur civili-

sation ne va pas plus loin ; parfois des repré-
sailles hideuses sont admises par les Grecs ,
c'est le propre de l'oppression et des guerres de citoyen à citoyen. Là ne se trouvent
plus les freins que la régularité des armées
ordinaires impose à la guerre , à ce qui a
l'air de devoir les briser tous. Sous ce rapport , les armées régulières sont un perfectionnement social qui borne l'empire de la
violence au plus petit nombre possible, en
lui en imposant de plus la responsabilité :
les autres guerres ne connaissent pas de pareils tempéramens. Chacun, abandonné à lui-
même , agit d'après son seul instinct et trop
souvent d'après ses passions : c'est ce qui est
arrivé entre les Turcs et les Grecs. Au début de leur querelle , de toutes parts un cri
se fit entendre en Europe en faveur des
Grecs, et si elle eût été libre de suivre son
penchant, on l'aurait vue s'ébranler tout entière pour marcher au secours des Grecs
en répétant le cri de ces milliers d'hommes
qui , en prenant, les premiers, le signe sous
lequel , pendant deux siècles , la population
de l'Europe se précipita sur l'Orient , firent
retentir les airs de l'acclamation unanime :
*Dieu le veut !...* Notre âge aurait assisté au

renouvellement de ce spectacle, si sa liberté tout entière lui eût appartenu. C'est une de ces occasions dans lesquelles les vœux publics ne s'accordent pas avec les pouvoirs publics. Cette opposition a donné lieu à beaucoup de reproches contre les cabinets principaux de l'Europe, cela exige une explication.

Les cabinets, remplis par des hommes choisis dans les classes les plus civilisées des pays les plus civilisés de l'Europe, n'ont pu être insensibles à ce qui se passait en Turquie à l'égard des Grecs. Il serait très-injuste de penser qu'ils n'ont pas employé auprès du Divan tous les moyens de représentation qui étaient dans leur position, et dont les mobiles existaient de plus dans leurs sentimens personnels, fortement excités par le spectacle des scènes horribles qui blessaient journellement leurs regards : à cet égard, on ne peut former le moindre doute. On a vu les croisières françaises dans le Levant, les agens français et ceux des autres nations, prêter, en toute occasion, la main la plus secourable aux victimes de la barbarie habituelle des Turcs ; en cela, ils ne faisaient que remplir les intentions humai-

nes de leurs gouvernemens : aussi ne ferai-
je aucune difficulté d'adopter ce qui se trouve
écrit à la page 189 de l'*État de l'Angleterre
en 1822* : *Les ministres de S. M. n'ont jamais un instant perdu de vue le caractère de
l'insurrection grecque, et n'ont point ralenti
leurs tentatives pour apaiser, s'ils ne pouvaient terminer, les atrocités qui ensanglan-
taient ce débat.* Cela est formel, cela ne peut
qu'être vrai. Ainsi, du côté du manque d'humanité seule, je crois les reproches mal fondés : il est hors de notre civilisation qu'ils
puissent l'être bien, et que les représentans
des chefs actuels des sociétés européennes
soient restés insensibles et muets à l'aspect
des cruautés de cette guerre. Je ne hasarde-
rai pas de dire jusqu'à quel point un langage
menaçant aurait pu arrêter ou bien aggraver, couvrir ou compromettre la population
grecque, que l'on désirait sauver : des jugemens de cette nature ne peuvent être bien
portés que sur les lieux mêmes, et les résultats de pareilles décisions sont si graves,
qu'on ne peut apporter trop de maturité
dans leur adoption ; cependant, malgré la
sensibilité que faisaient éprouver les sévices
auxquels les Grecs se sont trouvé exposés,

on a vu ceux-ci essuyer des contrariétés dans tout ce qui se rapportait à l'appui même de leur cause.

Ainsi on a vu de grandes difficultés apportées à l'embarquement, comme au transit, des Grecs et des Européens qui se proposaient de se rendre en Grèce; on a vu beaucoup de publications répandues avec affectation sur les suites que l'émigration en Grèce avait eues pour ceux qui l'avaient tentée; on a beaucoup fait pour en dégoûter, comme pour l'entraver; en un mot on a donné aux Grecs tous les signes de défaveur et de mécontentement dont on pouvait disposer; à Vérone, on n'a pas même daigné laisser approcher les députés de la Grèce. Depuis deux ans, les papiers de l'aristocratie et sur-tout le journal qui passe pour exprimer la pensée du cabinet autrichien, n'ont pas cessé d'appliquer à la cause des Grecs tout ce qu'ils avaient attribué à celle de l'Amérique et des révolutions de Naples et d'Espagne. La mauvaise humeur des cabinets, on peut même dire leur partialité, a percé dans tout ce qu'ils ont fait à l'égard des deux partis. Les Anglais ont pourvu les Turcs d'armes et de munitions; ils ont ravitaillé les forteresses turques bloquées par

les Grecs, ils ont montré beaucoup d'éloignement pour ceux-ci ; ils ont servi d'ins-
tructeurs aux Turcs , et leur ont fourni les
plans et les moyens d'attaque. Dans les ports
d'Autriche ou de France , les Turcs pouvaient
s'approvisionner, et sûrement les Grecs n'auraient pas eu la même faculté. Cette conduite
paraît en opposition avec l'intérêt que nous
avons dit avoir existé en faveur des Grecs ;
cette contradiction apparente nous amène à
l'explication suivante de la politique des puissances dans cette grande affaire. Cette politique est fort compliquée ; son explication
exige donc des développemens , les voici.

Depuis le congrès de Vienne et la chute
de Napoléon, l'Europe est dans la situation
politique la plus compliquée et la plus em-
barrassante pour ses chefs ; pendant long-
temps s'opposer à la France et sur-tout à
Napoléon a été toute la politique de l'Europe, alors elle était une et claire : le renverser était le but et le comble du bonheur ;
pour cela , toute alliance, tout moyen étaient
bons ; on ne compte pas vis-à-vis d'un ennemi que tout invite à détruire, c'est tout ce
qu'il faut. L'adversaire abattu, la réflexion
revient, et les choses revivent suivant leur

nature; elle n'était que voilée et ses effets seulement suspendus. Napoléon renversé, les alliés, après les épanchemens d'une joie mutuelle, se sont mis à se regarder ; leur position respective s'est montrée , et ils ont vu deux pouvoirs immenses, de nature différente s'élever aux deux extrémités de l'Europe, l'Angleterre et la Russie : le *produit net* de leurs travaux s'est trouvé être de n'avoir fait que de se débarrasser de la personne de Napoléon ; car ils ont pu reconnaître sur-le-champ que leurs embarras et leur assujettissement n'avaient fait que changer de nom et de lieu. L'alliance était composée de quatre puissances , dont deux prépondérantes et deux d'un ordre secondaire , quoiqu'à des degrés inégaux. La Prusse est tellement sous la main de la Russie, elle a de telles obligations à cette puissance , que , hors les cas extrêmes , elle ne se permettra pas un dissentiment direct avec elle ; ses liens sont tissus à-la-fois par la peur et par la reconnaissance. L'Autriche est dans une position moins défavorable sous quelques rapports , parce qu'elle est beaucoup plus capable de résistance ; résister est l'attribut caractéristique de cette puissance , qui endure très-bien les échecs et qui , ayant l'habitude des revers , a fort bien appris à les supporter, comme à en rappeler. L'Autriche sent bien que le poids principal de la Russie porte sur elle , et qu'avec le temps elle ne peut manquer d'être avec la Russie dans un état continuel de surveillance ombrageuse. L'Autriche est en première ligne défensive de l'Europe contre la Russie : cette position commande toute sa politique, l'Italie n'en est que la seconde branche. Ce fonds d'inimitié est couvert dans ce moment par les résultats de la coalition formée contre Napoléon, et par les engagemens de la Sainte-Alliance contre cette révolution. Il y a donc dans la position de l'Autriche une double action , dont l'une l'attire vers la Russie et l'autre la repousse. La puissance russe fait l'éloignement , la révolution fait le rapprochement avec elle; l'Autriche se trouve alternativement portée vers l'une ou vers l'autre et comme balancée entre les deux : c'est ce qui fait son embarras , c'est ce qui lui fait désirer la paix. Tout ce qui peut la commettre avec la Russie , qu'elle est destinée à trouver toujours devant elle , comme elle a trouvé la Prusse pendant la moitié du siècle dernier, lui est odieux et doit l'être. Les révolutions de l'Occident ne la compromettent pas avec la Russie, parce que le système russe ne se porte pas de ce côté ; mais il n'en est pas de même pour une révolution dans l'Orient, parce que c'est là que le système russe a toute son application. Quand donc l'Autriche a vu la Grèce tomber en révolution, elle en a craint les suites, qui, mettant la Russie en mouvement, la forçaient elle-même à prendre part à l'action, et faisaient perdre l'état de paix auquel, avec raison, elle attache tant de prix. De là l'aversion de l'Autriche pour la révolution grecque, soutenue encore par un motif particulier que j'indiquerai dans un moment. L'Angleterre jugeait aussi que la révolution grecque, donnant ouverture à l'intervention de la Russie, la forçait de prendre parti de son côté ; ce qui contrariait ses intentions et ses besoins de paix ; d'ailleurs elle partageait les vues ultérieures de l'Autriche sur la Turquie. On a vu, au début de cette affaire, les ministres de Londres et d'Autriche se réunir à Hanovre ; on a pu suivre les démarches, qui depuis annonçaient un concert parfait entre les deux cabinets. Il suffisait du nom seul de révolution, pour que la France s'éloignât de la cause des Grecs ;

dans cet état de choses, les quatre puissances se sont montrées très-peu disposées pour la révolution grecque, en même temps qu'elles s'employaient très-activement pour mettre les Grecs mêmes à l'abri de tout sévice ; elles défendaient les personnes, et proscrivaient leur cause, qu'elles regardaient comme nuisible pour elles, 1°. en sa qualité de révolution ; 2°. à cause du danger de la guerre entre la Turquie et la Russie. Celle-ci, dès le début, a menacé la Turquie, l'alarme s'est aussitôt répandue en Autriche et en Angleterre, ainsi qu'en France, quoique dans un moindre degré. Les deux premières puissances voyaient dans la guerre 1°. l'agrandissement territorial de la Russie, 2°. son agrandissement de crédit par son protectorat sur la Grèce, sur-tout si sa protection la faisait triompher ; 3°. la perte du contre-poids contre la Russie, qu'elles avaient placé dans la Turquie. Aussi pendant que l'Europe invoquait l'assistance des puissances en faveur de la Grèce, ces puissances travaillaient à faire prévaloir dans le Divan les plans d'égards et de modération à l'égard de la Russie, en laissant d'ailleurs à la Grèce le soin de sortir comme elle pourait du mauvais pas dans lequel on la

croyait embarquée. Cette explication me paraît la seule propre à expliquer la double action des puissances à l'égard de la Grèce, favorable pour les individus, hostile pour la cause.
Je dois ajouter deux autres considérations : la
révolution grecque est venue trop tôt, elle
a devancé la formation d'un système fédératif
en Europe. Il n'y en a pas encore un de formé
sur des bases durables : ce n'est pas l'affaire
d'un jour, à la suite de tant d'événemens ex-
traordinaires, que de retrouver le vrai centre
de gravité de la politique européenne, pour
établir sur lui un système permanent. Le choc
des deux pouvoirs principaux met ce système
dans un danger continuel. De plus, un repos
de huit années n'a pas suffi pour réparer les
dommages de vingt-cinq ans de guerre, celle-
ci ne peut plus être faite que par voie d'emprunts : avec les dimensions colossales qu'ont
prises nos guerres, l'impôt ne peut plus y
suffire, il faut recourir aux emprunts : c'est
pendant la paix que ceux-ci se préparent, et
quand au lieu de rembourser pendant la paix
on a emprunté, les emprunts de la guerre
deviennent fort difficiles, et cependant on ne
peut pas la faire sans eux. De plus, les gouvernemens sont tenus à des ménagemens, à

mesure que la guerre entre moins dans l'esprit général des peuples, et que ceux-ci y reconnaissent moins la défense sincère de leurs intérêts propres. Toutes ces considérations rendaient donc la révolution de la Grèce très-peu agréable aux cabinets : ils ne l'ont pas attaquée de front, ils ne l'ont pas soutenue, ils se sont bornés à amener la Turquie aux sentimens propres à maintenir la paix ; ils y travaillent encore, même auprès du pouvoir *janissairien* qui s'est emparé du Divan.

Maintenant je dirai, 1°. que la Russie n'a contribué en aucune manière à la révolution grecque ; 2°. qu'elle ne s'est point proposé l'envahissement de la Turquie ; l'opinion commune, celle même d'esprits éminens, est contraire à ce que j'énonce, mais c'est une erreur démentie par le fait, et par le témoignage du souverain de la Russie, qui a résisté aux désirs de son peuple, aux excitations de l'ambition la plus sûre du succès, *à la vue du signe révolutionnaire se faisant apercevoir sur la Grèce.* L'éloignement pour les révolutions a donné cette direction à la politique de la Russie, elle s'est bornée à exiger de la Turquie la stricte exécution des

traités relatifs aux principautés de Valachie
et de Moldavie , toutes choses de peu d'importance et au-dessous du prix que deux
grands empires ont paru y mettre.

De son côté, la politique anglaise, qui est
plus flexible que toutes les autres , s'est re-
lâchée de ses rigueurs à l'égard des Grecs ,
maintenant il y a de sa part neutralité réelle
et effective, les blocus des Grecs ne sont plus
violés. L'Angleterre a vu les Grecs prendre
le dessus sur leurs adversaires, sa politique
a changé avec la fortune , ou plutôt elle l'a
suivie : ce changement peut aussi provenir
de ce que l'Angleterre a pu croire avoir
trouvé dans la Grèce ce qu'elle cherchait en
vain en Turquie. Quel est l'objet constant,
nécessaire de la politique anglaise? L'opposition à la Russie ; elle avait espéré trouver
un contre-poids dans la Turquie, c'était
aussi l'espoir de l'Autriche, l'événement leur
a prouvé qu'elles s'était trompées ; la Grèce
se présente sous des auspices plus favorables,
l'Angleterre, qui est à l'abri des coups de la
Russie , se rapproche d'elle , et fait en cela
ce que lui dicte une politique prévoyante.
Quand les Grecs n'avaient pas encore déve-
loppé l'énergie qu'ils ont montrée , l'An-

gleterre n'a pas dû se tourner de leur côté, en abandonnant ses alliés et les adversaires qu'elle préparait à la Russie. L'Autriche est trop près de la Russie pour pouvoir agir avec la même liberté, eût-elle même la perspicacité de l'Angletterre, ceci explique le relâchement des rigueurs de l'Anglettere à l'égard de la Grèce. L'horizon s'est éclairci à ses yeux, il devrait aussi être fort clair aux yeux de tout le monde, sa nouvelle clarté laisse apercevoir distinctement cette grande vérité que l'Europe, oppressée par la Russie, a le plus grand intérêt au succès de la révolution de la Grèce, et à l'établissement de ce nouvel état depuis la pointe du Péloponèse jusqu'au Danube et au Bosphore. Il n'y a plus que cela de vrai et d'utile à l'Europe; il est à désirer que cette opinion se généralise en Europe et y devienne classique, elle est élémentaire dans la nouvelle situation de l'Europe; j'ajouterai que la formation d'un grand gouvernement civilisé en Grèce sera mille fois plus profitable à l'Europe, comme commerce, que ne peut jamais l'être la Turquie, qui n'a que très-peu de goûts communs avec l'Europe; et cependant c'est la communauté des goûts qui fait le commerce:

celui-ci est toujours très-borné avec des hommes peu civilisés, retirés, sédentaires, tels que sont les Turcs ; un peuple européen prêtera bien plus à l'extension du commerce ; celui-ci est devenu l'âme de l'Europe moderne, et l'on doit avoir appris de l'expérience à renoncer aux sentimens de haine et d'ombrage qui ont trop long-temps fait voir un principe de ruine dans l'industrie des autres, tandis que pour faire accepter beaucoup de ses propres produits, il faut accepter beaucoup de ceux des autres, et les mettre dans le cas de produire beaucoup pour avoir de leur côté beaucoup à consommer. La révolution de la Grèce présente donc à l'Europe un double sujet de sécurité et de satisfaction dans l'avenir : en la considérant de près, elle trouvera des raisons de s'en féliciter comme d'une acquisition très-précieuse pour elle ; elle puisera dans cette considération des motifs pour changer sa manière d'être à l'égard des Grecs, et sur-tout pour s'abstenir de toute intervention entre eux et les Turcs : ce qui nous conduit à examiner le droit que l'Europe pourrait croire lui appartenir d'intervenir dans cette affaire.

# CHAPITRE VI.

## DU DROIT D'INTERVENTION RELATIVEMENT A LA GRÈCE.

———

Quand *on n'a pas été du combat, on n'a rien à réclamer dans les fruits de la victoire.* Ainsi, si les Grecs succombent, l'Europe ne paiera pas pour eux ; s'ils triomphent, elle ne doit pas partager avec eux ; seuls, ils auront fait leur sort, seuls ils doivent en décider. Toute cette querelle s'est passée entre les Grecs et les Turcs, on n'aperçoit pas à quel titre d'autres prétendraient se mêler de son résultat. La Grèce libérée des Turcs n'a à répondre à qui que ce soit de l'emploi qu'elle fera de sa liberté dans le choix de ses institutions ; car ce n'est que pour elles qu'elle pourrait être citée en jugement. La sagesse, la considération de ce qui peut affermir ou ébranler sa nouvelle existence, doit la guider dans son choix ; cela est hors de doute : il faut désirer qu'elle ne s'écarte pas de cette

direction; mais quant au droit, personne
n'a celui de lui interdire même les dangers
que son choix pourrait lui faire courir. Ce
n'est qu'à ce point qu'il y a pour les états
une liberté réelle. Il y a deux espèces d'intervention, l'une officieuse, l'autre impé-
rieuse : la première emporte avec elle une
idée de secours et d'aide, la seconde une idée
de commandement et de supériorité.

Dans la première, on s'associe comme supérieur en pouvoir, comme égal ou comme
inférieur.

Dans la seconde, il ne peut y avoir que
supériorité, telle que la porte avec elle toute
idée d'exigeance et de jussion. Vous ferez
telle chose, ou..... : voilà le langage de l'intervention de cette nature.

En quoi l'une et l'autre sont-elles applicables
à la révolution de la Grèce ? Qui pouvait intervenir ? L'Autriche et la Russie directement,
l'Angleterre indirectement : aujourd'hui, en
Europe, toute grande action se décide dans ce
cercle. Dès le début de la révolution, un concert de voix appela la Russie et l'Angleterre au
secours des Grecs, cela était fort mal conçu ;
car la Russie et l'Angleterre avaient un intérêt
différent et ne pouvaient pas concourir since-

rement au même but politique. De plus, cette intervention subordonnait l'action de la révolution tout entière à la marche et aux combinaisons des cabinets : alors la révolution abdiquait, avec son indépendance, son existence propre, pour les modifier par les attributs mêmes de ces cabinets : or, il n'y a rien qui se ressemble moins que des cabinets et un mouvement dirigé vers la liberté : ils ont des méthodes, des intentions, des actions cachées qui ne peuvent entrer dans la composition d'actes de cette espèce ; leurs projets personnels, l'éloignement des lieux de leur résidence respective, la lenteur symétrique de leur action, leurs dissentimens, sont propres à entraver une action qui, pour marcher, a besoin d'ensemble et de célérité : les cabinets que, pendant vingt-cinq ans, on a vu juger les révolutions aussi mal qu'ils les ont combattu, ne sont guère en état de les diriger et de les soutenir. La Grèce a eu le bonheur d'échapper à cette espèce de protectorat, et c'est ce qui fait que ses affaires vont si bien. Supposez des ministres russes, des généraux russes, des troupes russes dans les conseils et dans les camps de la Grèce, dès-lors il n'y a plus une action grec-

que, mais une action russe : on l'a déjà vu
en 1772, lorsque Catherine appela les Grecs
à se réunir à ses flottes et à ses armées.
Dans ce cas, la Grèce aurait cessé de se diriger d'après ses propres besoins et ses propres sentimens; elle fût passée sous une
direction étrangère qui aurait voulu la
conduire par ses voies propres et non par
celles de la Grèce. Aucun malheur plus grand
ne pouvait arriver à la Grèce, elle périssait
par ce fatal secours; elle s'est sauvée, parce
qu'elle n'a eu recours qu'à elle-même : on
n'est jamais bien libre que de sa propre main,
quiconque sent le besoin d'un autre n'est
pas digne de l'être. La Suisse, la Hollande,
l'Amérique du midi, en commençant, n'ont
invoqué l'appui de personne : l'heureux aban-
don dans lequel on les a laissées, les a-t-il
empêchées de porter leur révolution à son
terme? Loin donc de regretter l'absence de
tout appui extérieur pour la Grèce, il faut
s'en féliciter, et pour ma part je les détour-
nais de tous mes vœux quand ils étaient
invoqués avec le plus de ferveur, j'y voyais
le germe certain de la perte de la Grèce re-
naissante.

*L'État de l'Angleterre en* 1822, a fort

bien fixé le droit d'intervention impérieuse-
ment comminatoire, page 183 : *Quand les
opérations intérieures d'un gouvernement sont
directement contraires au salut de l'Europe,
il est du droit et du devoir de tous de recourir
à des moyens préservatifs, et d'abattre ce gouvernement par la force des armes; mais pour
justifier une pareille démarche, deux choses
sont toujours nécessaires : 1°. l'existence du
mal, 2°. son existence à un tel degré qu'il y
ait indispensabilité de recourir à la force des
armes. C'est alors seulement qu'une nation
peut justement intervenir dans les affaires
d'une autre: sans cette restriction, l'indépendance des nations ne serait qu'un vain mot,
et une nouvelle source de guerre menacerait
la stabilité des gouvernémens de l'Europe.....;*
ce qui veut dire en deux mots: *La société a
le droit de détruire ce qui détruit la société:*
principe vrai, mais qui ne trouve pas son
application à la révolution de la Grèce; car
elle n'a établi aucun principe antisocial. Si
le mode de gouvernement qu'elle a choisi et
qu'elle a cru devoir choisir, offusque des
états constitués sur d'autres principes, pour
cela il n'est pas antisocial; il ne renferme
rien qui blesse la société elle-même, rien qui

n'ait été pratiqué déjà sur une grande échelle
et qui n'existe encore en beaucoup de lieux.
Pour être *républicain*, on n'est pas *antisocial*. Si donc le gouvernement de la Grèce
est constitué de manière à contrarier les
goûts personnels des chefs des états voisins,
il n'en résulte aucun droit pour intervenir
par la force dans les affaires de la Grèce : si
les états sont libres, dans leur administration
intérieure, à plus forte raison le sont-ils dans
leur organisation intérieure , le même principe d'indépendance nationale couvre l'une
et l'autre. Si les états voisins aperçoivent dans
les établissemens de cette nature un principe
de contrariété , ou de déplaisance avec leurs
établissemens propres, ou bien avec leur pro-
pension propre, il leur appartient de prendre
toutes les mesures de prévoyance qu'ils jugent
convenables, et de mesurer les degrés de leur
affection sur leur correspondance avec les établissemens de ces mêmes états. Le droit ne va
pas plus loin, et tout ce qui dépasse cette limite
ouvre la porte à l'injustice et à des luttes inter-
minables. Il s'en suivrait du principe contraire
que le monde ne pourrait reconnaître légale-
ment et avec sécurité qu'une forme semblable
de gouvernement, et que la violence serait un

droit réel à l'égard de tous ceux qui en sui-
veraient un autre. Quelle loi a statué que
le genre humain serait en tous lieux gouver-
né de la même manière ? Le joug d'une morale universelle et uniforme a bien été imposé à l'humanité pour son bonheur ; mais
pour son bonheur aussi, celui de l'unifor-
mité de gouvernement ne lui a pas été également imposé, et le choix de celui-ci lui en
a été abandonné d'après ses intérêts : c'est
à ceux qu'ils atteignent, à les consulter.

La Grèce est dans une position qu'on
peut dire privilégiée, tant elle n'appartient
qu'à elle seule. Sa révolution n'est pas, comme
celles d'Amérique ou d'Espagne, dans lesquelles le peuple, identique d'origine, de
religion, de langage et de mœurs avec le
souverain, se soustrait à son autorité, ou bien
se borne à la modifier ; dans lesquelles encore un peuple se sépare violemment du
peuple auquel il devait l'existence, et avec
lequel il vivait dans l'état de famille, comme
il est arrivé entre les deux Amériques, dont
la population et l'état social étaient les produits directs de l'Angleterre et de l'Espagne :
leur séparation était une vraie guerre civile,
un combat entre des frères. Au contraire,

dans la révolution grecque, c'est un peuple qui, asservi par la force, se sert à son tour de la force pour se soustraire au joug pesant d'un autre peuple, auquel non-seulement il ne doit pas l'existence, mais avec lequel il n'a aucun point de contact. Ce n'est plus qu'un esclave usant du droit naturel de briser une chaîne qui lui a été imposée contre tous les droits de la nature.

La révolution grecque ne renferme donc en elle-même aucun principe qui puisse donner ouverture au droit d'intervention, et comme elle a commencé son cours sans coopération, elle doit aussi être autorisée à le finir sans trouble de la part de personne.

O Grecs! achevez votre ouvrage! les vœux de l'univers applaudissent à vos succès et demandent à les voir accomplis : ses bras vous seconderaient, si mille barrières ne les retenaient ; la civilisation vous sourit en voyant s'accroître par vous ses richesses, car vous êtes une conquête sur la barbarie; vous serez une sécurité pour l'Europe, en gardant une de ses frontières ; votre position vous met à-la-fois à l'abri de la tentation et de la crainte des conquêtes; vous ne serez redoutables qu'aux barbares que vos bras généreux vont rejeter eu Asie ; rendez aux antres du Taurus ces hommes féroces qu'il avait vomis sur votre terre. Elle ne pouvait être destinée à les porter toujours ; l'Iliade et l'Alcoran ne peuvent habiter les mêmes lieux ; le peuple de héros qui reposent sous le sol que foulent vos pas, a tressailli dans sa tombe, en apprenant ce qu'avaient fait leurs descendans ; à vos coups, ils ont reconnu leur sang ; les rivages de Thésmé, les murs de Napoli répondent à ceux qui vous peignaient comme des hommes dégénérés. Toute nation a eu ses éclipses, la vôtre est terminée : un jour aussi pur que celui qui éclaira votre premier âge, s'élève sur vous et ne lui cédera pas en éclat ; mais cet éclat ne se compose pas seulement d'héroïsme militaire et des attributs du génie ; c'est à vous aussi que la terre dut les plus sages des mortels ; la patrie des Léonidas, des Miltiade et des Thémistocle fut aussi la patrie des Aristide, des Solon et des Socrate ! Songez aux obligations que vous impose le nom de pareils aïeux. Si vous êtes par vos pères le plus noble des peuples, soyez-le de nouveau par vos vertus, imitées de l'antique : pendant que vous ramènerez sur le Parnasse le dieu de l'Hélicon avec le docte cortége des neuf sœurs, ramenez aussi parmi vous les vertus de votre Aréopage, et laissez par là votre révolution sans reproche et vos détracteurs sans excuse.

La terre demande à la Grèce moderne de la consoler du veuvage de huit siècles de la Grèce antique.

## POST-SCRIPTUM.

Depuis que cet écrit est livré à l'impression, quelques-unes des annonces qu'il renferme ont été réalisées : ainsi la citadelle de Corinthe a capitulé le 6 février (1); la reddition de Patras est fixée au 1er avril; le corps de troupes d'*Omer Vrione Pacha*, le seul rassemblement organisé qui restât aux Turcs dans cette contrée, a été dispersé à la suite d'une attaque infructueuse contre Missolonghi. Par la chute de ces places la ceinture fortifiée de la Grèce reste aux Grecs, et les Turcs perdent par là le seul moyen qu'ils avaient d'y rentrer: alors les troupes grec-

---

(1) Les petites Dardanelles de Lépante ont été prises. Omer Vrione passe pour avoir péri de la main des Albanais.

ques deviennent disponibles pour se porter
en avant sur l'Epire, la Macédoine et les
contrées plus rapprochées de Constantinople. Il est évident que les Grecs, assurés désormais de n'être plus troublés dans la possession du Péloponèse dont ils tiennent les
clefs, vont mettre tous leurs soins à conqué-
rir graduellement le pays situé entre le Danube et le Bosphore; ils assiégeront *Larisse*,
se porteront sur Salonique, et prendront ensuite sur la droite pour marcher à Constantinople : la nature des choses leur trace cette
marche, puisque depuis la perte de la Morée
les Turcs ne peuvent plus rentrer en Grèce
que par leurs provinces du nord qui avoisinent Constantinople. Par là l'empire ottoman se trouvera réduit à ses forces asiati-
ques, qui ne peuvent aborder la Grèce que
par la route de Constantinople, l'intérêt des
Grecs est donc d'aller au devant d'elles. On
doit s'attendre à quelque combat entre la populace asiatique décorée du nom d'armée,
qui sera encore une fois, mais une dernière,
lancée contre les Grecs; elle sera battue,
dispersée, et achèvera la perte des Turcs en
portant le désordre par-tout. C'est tout ce
qu'il y a à gaguer en employant de pareils

barbares. Il y aura encore, dans le cours de l'année, une campagne en Grèce, mais ce sera la dernière ; la conquête se perfectionnera avec le temps ; tout ce qui restera sur les derrières de l'armée grecque marchant sur Constantinople, se trouvera sans communication avec l'empire ottoman, et tombera successivement comme viennent de faire Corinthe et Patras : il ne sera pas nécessaire de tirer un coup de fusil pour en venir à bout. Constantinople doit être le but des Grecs, rien ne doit les détourner d'y marcher, tout le succès de leur révolution est là. Il faut croire qu'ils ne s'y méprendront pas, l'intérêt est trop visible et trop grand.

On annonce que la Russie a déclaré son intention d'abandonner les Grecs à eux-mêmes, qu'ils en rendent grâce au ciel ; ils ne devront rien qu'à eux seuls ; leur liberté sera façonnée par eux, pour eux, *à la grecque* et non pas *à la russe*. Qui a besoin de la main d'autrui pour être libre ne l'est jamais bien : quand on est digne d'être libre, on sait l'être par soi-même, et l'on n'appelle pas les voisins au secours. Si l'heure de la Grèce est arrivée, elle sera libre sans assistance importée, sa liberté sortira de son propre fonds. En 1772, cette heure n'était pas sonnée; et tous les secours russes ne purent la faire devancer d'une *minute*; chaque chose vient dans son temps.

Une assistance russe aurait amené des plans russes, des troupes russes, des chefs russes, on aurait voulu agir d'après des horloges russes et avoir un résultat russe; et ici c'est une action entièrement grecque qu'il faut pour arriver à un résultat purement grec, c'est-à-dire *européen*. Ce qui me ramène à dire, dans l'intérêt de l'Europe: *Si la révolution grecque n'existait pas, il faudrait l'inventer*.

( 253 )

# TABLE

## DES MATIÈRES.

# TROISIÈME APERÇU SUR LA GRÈCE.